Wie Sand am Meer

Wer bin ich

Wenn ich verzweifelt bin
schreib ich Gedichte
Bin ich fröhlich
schreiben sich Gedichte
in mich
Wer bin ich
wenn ich nicht
schreibe

Rose Ausländer,
Gesammelte Werke,
Frankfurt a.M.: S. Fischer,
1984-1990

Marianne Hartwig

Wie Sand am Meer

Freud und Leid Gedichte

Bibliografische Information Der Deutschen Bibliothek:
Die Deutsche Bibliothek verzeichnet diese Publikation
in der Deutschen Nationalbibliographie; detaillierte
bibliografische Daten sind im Internet über <http://dnb.
ddb.de> abrufbar.

Copyright © 2009 Marianne Hartwig
Zweite, überarbeitete Auflage 2017
Layout und Gestaltung: Chris von Gagern (www.art-transfer.net)
Umschlag-Foto: Irmela Friedrichs
Herstellung und Verlag: BoD - Books on Demand, Norderstedt
ISBN: 978-3-8391-1160-4

Inhalt

Vorwort

Gedichte begleiten mein ganzes Leben. Sie sind für mich wie Musik, wie Trostspender, wie Zufluchtsorte. Den Mut, einen Teil meiner eigenen, im Verlauf der Jahre entstandenen Gedichte zu veröffentlichen, verdanke ich dem beharrlichen Zuspruch meiner Freunde und meines Mannes sowie der Kraft und Inspiration der Insel Ibiza, die zu meiner zweiten Heimat geworden ist.

Ibiza steht auch für ein gelegentliches Sprachgemisch darin Pate; denn auf Grund der Tatsache, dass ein Teil seiner Bewohner ganz unterschiedlicher Herkunft ist, kommt es vor, dass Ausdrücke aus dem Spanischen oder Englischen einfließen und recht freizügig adaptiert werden. Was jedoch im Kontext der Insel geläufig sein mag, erscheint Lesern aus anderen Regionen eventuell seltsam und bedarf der Erklärung. Da es nur eine Handvoll Begriffe sind, will ich sie hier kommentieren, denn ein Glossar scheint mir übertrieben:

Bei *Jesús* handelt es sich um einen Ortsnamen, die im Spanischen meist biblischen Ursprungs sind. – *Tanit* ist eine punische Gottheit, der in der Antike große Verehrung auf der Insel zuteil wurde, die etwa 800 Jahre eng ans punische Karthago gebunden war. – *claro* bedarf kaum eines Kommentars, steht es doch nur für das deutsche Äquivalent ‚klar', häufig im Sinne von ‚na, klar'. – *Finca* hat sich für ein typisches Bauernhaus nach punischem Muster eingebürgert, obwohl es im Spanischen eher für die Gesamtheit bäuerlicher Ländereien steht. – *Morning Glory* bezeichnet eine verbreitete blau blühende Winde, auf die gern auf Englisch Bezug genommen wird. – *casita* ist natürlich die Verkleinerungsform des spanischen *casa*, das weit darüber hinaus zu einem beliebten Synonym für Haus geworden ist. – Wenn von einem *podenco* die Rede ist, so ist ein Jagdhund gemeint und im Inselkontext speziell der endemische *podenco ibicenco*, eine elegante windhund-artige Rasse, die ursprünglich aus dem alten Ägypten stammt. – *gatita* ist die Verkleinerungsform des spanischen Worts *gata* für Katze. – Jeden Kommentar sparen kann ich mir für die spanische Begrüßung *buenos dias*, die quasi einleitend nur zitiert werden soll.

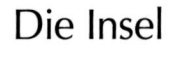

Die Insel

Allein zu sein

In einer Holzhütte zu leben
Frei zu sein
Von Pinien umgeben
Mit mir allein.

Notwendigkeit zu einer Zeit
Des Neuanfangs
Der Verlassenheit
Des Übergangs
Der Bereitwilligkeit

Einen Pakt zu schließen
Mit der Schicksalsmacht
Keine Selbstmitleids-Tränen zu vergießen
Auch nicht mitten in der Nacht

Wenn sie heulen und grollen,
Die Selbst-Zweifel – wie Hyänen
Und nur das Eine wollen:
Sich nicht aufzulehnen

Hinzunehmen
Einzugestehen
Einzusehen:
Ich bin klein und schmächtig,
Allein
Und das Schicksal ist allmächtig.

Aber ich will die sein
Die einen Ausweg sucht

Ich sein,
In meiner Holzhütte, meinem Heim
Meiner Zuflucht

Zu mir
Zu meiner Kraft
Die es schafft
Allein zu sein.

Bis zum nächsten Jahr

Durch ein Loch in der Hauswand
Schlüpfen lautlos zwei Katzen.
Das Meer ist spiegelblank
Der laute Streit der Spatzen

Verkündet Schlafplatz-Gezänk.
Auf dem Berg von Jesús blinzeln die ersten Lichter
Am Horizont blinkt die Barcelona-Fähre
Und ich denke: Ach wäre

Ein Hauch dieses Inselfriedens
Auch dann wahrzunehmen
Wenn sich die Touristenströme
Durch die Straßen quälen

Und doch
Die Insel ist wieder für die Insulaner da
Bis zum nächsten Jahr.

Die Insel

Angekommen auf einer Insel
Einer der grünsten und schillernsten
Im Mittelmeer
Bevölkert von Suchenden
Mit Farbe und Pinsel
Mit Visionen und sehr
Individuellen Lebensformen
Mit Tanz und Musik
Und wenig Normen
Im Reich der Sinne und Phantasie
Eine Oase für die,
Die schon immer davon träumten
Aufzustehen
Erst mitten in der Nacht
Zuzusehen
Wie der Himmel funkelt und lacht
Und das Meer erzählt
Von all den Sagen
Aus alten Reichen
Und wie sie versanken
Im Schoß der Natur
Die einfach nur
Das eine zeigt:
Vergehen
Entstehen
Und all die Besatzer, die untergehen,
Sind Teil des Ganzen
Karthager, Phönizier
Kleinvolk und Patrizier

Könige, die ihre letzte Ruhestatt hier wählten
Und schließlich all die Glückssucher
Die sich liebten und quälten
Man sagt Tanit, die Göttin,
Regiere noch immer
Und böse Zungen behaupten
In Gestalt dieser starken Frauenzimmer
Der Insel.

Im Pinienwald

Wenn ich mir vorstelle
In meinem kleinen Holzhaus noch lange zu leben
Auf dieser grünen Insel
Nach nichts zu streben

Außer dem Meer plus Farben und Pinsel
Und viel Papier
Dem Erhalt meiner alten Schreibmaschine
Meiner Katzen neben mir

Und als Morgenroutine
Den Lauf durch den duftenden Pinienwald
Mit der Mine
Einer Lebensbewältigerin – noch nicht alt

Dann könnte ich sagen: Wie wunderbar!
Das Leben ist es wert
Sei nicht undankbar!
Und wenn keiner erfährt

Dass du es täglich in Frage gestellt hast
Und es dir fast
Gelungen wäre zu beweisen,
Ich bin

Eine Lebenskünstlerin,
Na dann werde uralt
Im Pinienwald.

Auf dem geheimen Mandelbaumpfad

Der Abend naht,
Ich bin allein
Auf meinem geliebten Insel-Pfad.
Ich nenne das Glücklichsein.

Kein Windhauch,
Nur Pinienduft
Die Landschaft verströmt
Sanfte Vorfrühlingsluft

Einzelne Mandelblüten sitzen
Wie Schmetterlinge im Baum.
Hallo ihr Vorwitzigen
Noch sehe ich euch kaum.

Aber schon bald leuchtet und duftet ihr,
Zieht Tausende von Mandelblüten-Pilgern an
Wie beneidenswert sind doch wir
Die – auf dem geheimen Mandelbaum-Pfad.

Architekten-Trost

Sie leuchten in der Mittagshitze
Eine blaue Blütenwand.
Dicke Hummeln sitzen
Wie gebannt

Und aalen sich
In der blauen Pracht,
Ein gedeckter Tisch
Von Mutter Natur ausgedacht.

Morning glory, ein Blickfang,
Ein Augenschmaus
Wie Ohrenschmaus und Vogelgesang
An meinem kleinen Haus.

Wie geschaffen,
Unschönes zu verdecken
Wie Kinderlachen
Man nennt sie auch
Trost der Architekten.

Manchmal in der Nacht

Wenn die Inselstürme Pinien schütteln
Und die dunklen Nachtgespenster
Beharrlich an meiner Gelassenheit rütteln
Füge ich mich den unsichtbaren Kräften
Ziehe mir einen Stuhl ans Fenster

Und blicke hinaus zu den wehenden Zweigen
Und meine Gedanken gleiten
Über die grünen Hügel am Ende des Tals
Und hoch zu den Sternen
Dann kommt es mir vor
Als ob die Gespenster sich entfernen

Und die freundlicheren Nachtgeister erscheinen
Die es gut mit mir meinen
Sie bringen mir meinen Gleichmut zurück
Und mit ihm ein Stück Geborgenheit
In der Zeit, die mir bleibt
Manchmal in der Nacht.

Nur manchmal

Gerne wäre ich mutiger
Würde laut sagen, was ich denke
Wäre auch lieber wütender
Wenn so ein kleiner Unverschämter

Der vorübergehend unser Haus bewohnt,
Sich aufführt wie – nun ja, wie er ist:
Ohne Manieren, großkotzig
Seinen Charme einsetzt, wenn es sich lohnt

Und manchmal lohnt es sich
Denkt er
Dann zeigt er geliehene Autos
Und falsche Freunde her
Ist hoch zufrieden, nicht zimperlich

Im Forderungen stellen
Rechte einklagen
In den meisten Fällen
Nicht zu fragen

Er nimmt sich was er braucht
Ungeniert, was der andere sich dächte
Wie, der auch,
Auch der hätte Rechte?

Aber doch nicht bei ihm, dem großen *leader*
Den anderen, so einen
Den schreit er doch in Sekunden nieder
Nur manchmal,
Da hört man seine Freundin weinen …

Um Hilfe rufen

Nach einem heftigen Gewittersturm
Gingen die Lichter aus, letzte Nacht
Manchmal ist es nur die Sicherung
Manchmal aber auch der böse Geist, der wacht.

Und der - vorübergehend -
Sich ins Fäustchen lacht
Der Geist hat ein Gesicht
Und einen Namen

Das hilft ihm nicht
Denn mit ihm kamen
Unzählige kleine Teufelchen
In weißem Schnee versteckt

Die nicht nur seine Nase verstopften
Sondern fordernd direkt
Seit eh und je
Mehr wollen als kleine Nasen

Nicht sofort und nicht über Nacht
Sie sind wie das Gesicht mit Namen
Listig – nur in der Übermacht
Sie rauben behaglich

Verblüffend unauffällig
Zunächst nur bei Tageslicht
Doch ganz allmählich
Verstand, Seele und Herz

Und was man so hat auf dieser Welt
Und übrig bleibt

Was nicht gefällt
Aber mit ziemlicher Sicherheit:

Ein kleines Häuflein Mensch
Einsam auf seinen gemieteten Treppenstufen
Und schon von weitem
Hört man es im Tal
Um Hilfe rufen.

Oktober

Die Herbstspinnen auf der Insel
Scheinen bedrohlich, hässlich und dick
Auf dem Rücken haben sie einen weißen Kreis
Sie spannen ihr Netz äußerst geschickt

Oft in Augenhöhe und jeder weiß
Sie sind nicht giftig
Aber ein Waldlauf-Vergnügen
Sind sie auch nicht so richtig

Plötzlich hängen sie da
An unsichtbaren Strippen
Ich stehe wie gebannt,
Kein Laut kommt über meine Lippen,

Und stelle fest: das wollte ich nicht
Jetzt habe ich sie gekappt
Sichtbar im Morgensonnenlicht
Die fein gesponnene Spinnen-Hängematt.

Mit großer Hast
Schwingt sie sich auf ihrer unsichtbaren Leiter
Hoch zum nächsten Ast
Ich laufe weiter.
Am nächsten Morgen
An der gleichen Stelle
Hängt das hässlich-kluge Spinnentier
Einen Meter über mir.

Toleranz

Es gibt auf „meiner" Insel,
Nicht mal versteckt, ein jeder kennt sie
Und keiner mag sie,
Das Insel-Gesindel.

Man sieht 's nicht auf den ersten Blick,
Sie sind nur da und lauern.
Der zweite sagt: halt dich zurück
Vor Insel-Dauer-Schlauen.

Die Insel lockt mit ihrem Charme
So manchen armen Sünder
Ist mir egal, ob reich, ob arm,
Ich liebe Blumenkinder.

Die lebten lange sanft befreit
Das nackte Inselleben.
Zeit und Feigen waren reif
Für den Inselsegen.

Die Blumenkinder, die mutierten,
Nicht hurtig und nicht über Nacht,
Zu blitzgescheiten, hoch dotierten
Finca-Besitzern, denn Bares lacht.

Dann haben auch die Cleverleins
Sich zahlreich eingefunden.
Sie drehten skrupellos, keck und fein
So ihre Solo-Runden.

Die Künstler fragten sich verschreckt,
Wo ist sie nur geblieben,

Die sanfte, wunderbare Ruh,
Die uns hat hergetrieben.

Das ganze ist ein bunter Strauß
Aus all den fernen Zonen,
Ein Farben und ein Sprachgemisch
Verschiedener Nationen.

Die Eingeborenen, die sind jetzt reich
Und haben kluge Kinder.
Der Preis war hoch und auch nicht gleich
Für alle Euro-Finder.
Warum er glückt, der Inseltanz?
Man sagt, es liegt an
Toleranz.

Es war einmal ein Cleverlein

Das wollte schöner wohnen
Da dachte es so still bei sich
Die Euros reichen leider nicht

Jedoch es würd' sich lohnen
Wenn ich mit List – da gibt es Wege –
Und viel Verstand, den hab ich ja,
Mir einen feinen Plan zurechtlege

Ich könnte beispielsweise leicht
Ein Dutzend Mängel finden
Das kostet mich zwar etwas Zeit
Doch im Bären-Aufbinden

War immer ich ein großes As
Wie das meine Kinder lieben!
Ich denk', das wär ein großer Spaß
Da ich eines kann: gut Lügen.

Das Dumme ist, auch auf der Insel
Da macht man jetzt Verträge
Doch pfiffig, wie ich nun mal bin
Werd ich den Einfaltspinsel
Schon übers Ohr hauen, ich erwäge

Natürlich keine illegale Tat,
Nur meine altbewährten Kniffe
Dazu einen kleinen Rat
– auch das nur eine Mini-List –
Von meinem Freund, dem Advokat

Die Mängelliste funktioniert
Fast immer
Denn Mängel hat doch jedes Haus
Und jedes Zimmer
Und daraus

Ergibt sich die Mietminderung
Claro, der Trick ist ja bekannt
Dazu die richtige Verbindung
Und in diesem Land...

Das wäre doch gelacht
Ich werde es schon richten
Fast hätt' ich allerdings gedacht
Dass dieser dumme Finca-Besitzer
All meine Märchen-Geschichten

Vom schönen Haus in einem andren Land
Und dem Traumjob im Steuerparadies
Ziemlich übertrieben fand
Jedoch mein Charme, der ließ

Die Zweifel erst gar nicht aufkommen
Denn ich war wirklich brilliant
Und ganz benommen
Von meiner Redekunst, wie elegant

Was ich gespart hab', ist beträchtlich
Und all das kostet mich auch Zeit
Der Blick der Betroffenen
War zwar verächtlich
Trotzdem: wer lügt, der kommt auch weit
Ach, wie bin ich doch gescheit!

September

Himmelblau und Feigenduft
Dunkelgraue, dicke Spinnen
Glitzern in der Morgenluft
Mandelernte, Kinderstimmen.

Buenos días ruf ich laut
Lachend winkt Catalina von weitem
Und sammelt weiter Mandeln auf
So früh am Morgen – beizeiten.

Ich pflücke mir zum Frühstück Feigen
Wie sind sie duftend, klebrig, süß
Am liebsten möchte ich laut schreien
An einem Morgen wie diesem:

Es existiert noch – das kleine Inselparadies.

Freunde

Bunt und wunderlich

Es gibt da eine alte Freundin
Das Wörtchen alt, das mag sie nicht;
Richtig und wahr
Das wär:
Langjährig, treu und unersetzbar.
Sie ist so jung und optimistisch,
Im besten Sinne feministisch,
Führt meistens drei Berufe aus.

Nein, nicht die alten KKK's,
Aus diesem Alter ist sie raus
Sie ist nur stark, mit viel Erfahrung
In menschlichen Zusammenspielen.

Von all den großen Lebenszielen
Hat einige sie angestrebt
Und mit Erfolg
Sie heiß und innig ausgelebt.

Mann, Kinder und die Freunde wissen,
Das ist noch längst nicht aufgezehrt,
Das ganze Lebenswunderwerk,
Vor allem noch nicht aufgeschrieben.

Denn wie sie lebt, so schreibt sie auch
Furchtlos der Welt die Stirn anbietend
Herausfordernd, wenn es sein muss: übertrieben
Wir lachen Tränen und beschreiben

Das ganze täglich bunte Treiben.
Zusammenfassend stellt sie fest
Und zückt diszipliniert den Stift,
In diesem Falle den der Lippen:

Das Leben ist ein merkwürdig Fest
Mit allen Vorbereitungs-Tücken
Ich warte dann, das macht ihr Spaß,
Am liebsten heftig schmunzelnd

Auf den bekannten, oft genannten
Viel zitierten Abschluss-Satz,
Mit dem sie sinnend schaut auf mich.
So scheint 's zu sein
Für dich und mich:
Bunt und ziemlich wunderlich.

Denkst du an mich

Ein jeder kennt das Phänomen
Es ist, wie viele, unerklärlich
Du denkst, wie ist das angenehm,
An einen Menschen, rein zufällig.

Warum gerade heute – jetzt?
Du hast nicht die geringste Ahnung,
Warum es dich in Spannung setzt.
Du denkst vergnügt an Geister-Schaltung,

Belächelst dich milde und nachsichtig
Und kehrst an deinen Schreibtisch zurück.
Du hältst dich für praktisch-realistisch;
Das Telefon klingelt laut, wie üblich.

Eine Stimme, wohlbekannt und nah,
Aus längst vergessenen, fernen Tagen
Sagt fröhlich: Wie schön, du bist ja da
Ich denke gerade an dich
Und wollte dich fragen:
Denkst du auch an mich?

Das Fettnäpfchen

Sie ist ganz furchtbar auf der Hut
Und kann es doch nicht lassen
Sie weiß, Vorsicht ist ein delikat' Gut,
Mit Samthandschuhen anzufassen.
Doch Samthandschuhe schätzt sie wenig
Sie ist beherzt und hilfsbereit,
Zupackend, schnell und sehnig,
Tatkräftig und gescheit.

Frisch, fröhlich, strahlend, selbstbewusst
Handhabt sie Kinder, Mann und Haus
Und niemand würde ahnen,
Dass sie in einem Atemzug
Hineintapst, dass es spritzt
Zum Gotterbarmen.

In all den langen Jahren,
Da hab ich niemals klar erkannt,
Was treibt sie an, was will sie dann,
Wenn sie entschlossen schon von weitem
Den Fettnapf treffsicher anvisiert,
Sich nähert,
Zielsicher Schritt für Schritt,
Und dann –
Hineintritt.

Mann blickt belustigt, auch pikiert;
Das registriert sie ungeniert
Und äußerst ungezwungen.
Ich halte lang den Atem an
Oh Gott, das war mal wieder höchst gelungen!

Und doch hätt' es mir Leid getan,
Es ist auch nie geschehen,
Hätte sie das vorzufindende Fettnäpfchen
Geflissentlich übersehen.

Die Mühle im Tal

Romantik und Natur pur
Soweit das Auge reicht
Und nur
Vogelgezwitscher weit und breit

Fabulier-Motive in Hülle und Fülle
Bachgeplätscher
Mühlenkatzen in der Mittagsstille
Von Ferne Kindergelächter

Ein offenes Haus
Nur die Katzenmutter
Geht ein und aus
Die Suche nach Futter

Gehört nicht zu ihren Pflichten
Rechts vom Kamin wohnt die Katzenfamilie
Links im dichten
Beieinander von Hundekorb und Fressnapfidylle

Das Klo von Mutter Katz
Dazwischen ein Tisch
Darauf Telefon und Fax
Das Telefon, das ist

Mobil, vermutlich unauffindbar
Wenn es schrillt, bellt Max
Meist ist jemand da
Dann döst der Hund und es surrt das Fax.

Aus dem Eckschrank schimmert schönes altes
Porzellan,
Durch das Fenster Sonnenlicht

Und nebenan
Ganz dicht

Am Eingang, neben den Sitzen,
Kleben Postkarten
Und wichtige Notizen
„Auf den Tierarzt warten"

„Um 3 Reitunterricht"
Darunter ein etwas eingedellter
Wasserkübel mit Pferdegesicht
Nicht älter

Als die Steintischplatte
Links von dem Kübel und der Schüssel
Unter der Matte
Meist der Haustürschlüssel

Auf der kleinen Wiese vor dem Hof
Lebt die Schildkröte, alleine
Zur Zeit hat sie Ausgehverbot
Über dem Drahtgestell gibt es eine

Grüne Holzlatte,
Das Sonnen oder Regendach,
Und auf der Matte
Eine weitere Notiz: „Bin beim Nachbar"

Ich lasse mich auf der Eckbank nieder
Neben Männertreu am Brennesselbusch
Irgendwann kam der Mühlenbesitzer wieder
„Gerade wollte ich hineingehen" lüge ich forsch

Drinnen hörte ich Geschrei
„Ach", sagt milde lächelnd er,
„Das ist der Papagei".

Eine Rose für die Freundin oder die Kraft der Symbole

Symbole sind beliebt,
Sie sind auch manchmal trächtig,
Im Zweifelsfalle mächtig.

Sie sind vor allem unabhängig,
Besonders von der Sprache,
Im besten Sinne unverfänglich,
Denn Sprache ist auch Strafe.

Sie bürgt für Land und für Kultur
Und manchmal auch für Sünden,
Wogegen die Symbole nur
Gemeinsamkeiten finden.

Zu dem Symbolen-Wunder-Meer
Gehören auch die Blumen.
Ihr Duft, ihr Wuchs, das Farbenspiel
Entspricht menschlichem Verhalten;
Und so entsteht ein bunter Strauß
Für symbolisches Gestalten.

Die Rose ist die Königin,
Denn sie verkörpert Glanz und Stärke.
Wird sie zu einer Dienerin,
Dann kann das nur symbolisch sein.
Sie herrscht und dient
In diesem Sinn
Ist sie:
Eine Rose für die Freundin.

Einst hatte ich eine Freundin

Sie war klug und wohlerzogen,
Sie war schön
Und allen gewogen.

Sie liebte das Leben,
Die Musik,
Leider auch die Blender.
Man nannte sie Gurus,
Philosophen,
Asketen, falsche Propheten,
Und sie logen
Das Blaue vom Himmel.

Wohlan denn, Frank,
Im Hier und Jetzt
Steht fest:
Sie wollte dich und deine Betrügereien
Und all die freien,
Philosophisch verbrämten Lügereien.

Und wenn sie noch leben würde,
Würde sie sagen:
Ich muss es wagen,
Es war stärker als ich;
Denn ich liebte das Leben
Und – dich.

Freunde in der Not

Sie sind plötzlich da,
Ich stelle nicht die Frage,
Habe ich sie verdient?
Ist es wahr
Dass ich wage,
Nur zu vertrauen,
An meine Stärke zu glauben,
Auf mein Selbstvertrauen zu bauen,
Es mir zuzutrauen:
Das neue Leben
Mit nur den Menschen, denen ich vertraue,
Die angebliche Sicherheit aufzugeben
Auf neuen Ideen aufzubauen.

Himmelsgabe

Durch eine Kathedrale in hellgrünem Licht zu
gehen
Zu sehen,
Wie die Bäume in den Himmel zu wachsen
scheinen,
Wie es glitzert und duftet und wie, mit ein wenig
Regen,
Die reinen Buchenblätter sich im Wind bewegen.

Wir erzählen uns Geschichten,
Wie aus der Ferne sehen wir die Baumriesen am
        Wegesrand
Und doch sind sie uns ganz nah mit ihren dichten
Zweigen – im Frühlingsgewand.

Plötzlich bleibt sie stehen, wie gebannt
Schaut sie versonnen in den Himmel über der grünen
        Pracht:
„Es ist so, wie ich es schon einmal gesehen habe,
Vor dem Abschiednehmen in jener Nacht
Als Geschenk und als
Himmelsgabe".

Vertrautheit

Ist wie ein Abendspaziergang,
Vorbei an buschigen Weißdornhecken am Hang,
An Wiesen mit Dotterblumen,
Gelb leuchtend in der Frühlingsluft,
Ist wie ein Buchenwald im Waldmeisterduft.

Ist wie ein Gespräch über Gott und die Welt,
Über Malen und Schreiben und Illusionen,
Über Sorgen und Pläne, das liebe Geld,
Unsere nie aufhörenden Zukunftsvisionen,
Das Unvermögen,
An ein und demselben Ort zu wohnen,

Für längere Zeit, und das damit verbundene
Improvisieren,
Variieren,
Ausprobieren,

Gemeinsam Freunde zu sehen,
Im Kino zu weinen,
Ganz früh am Morgen aufzustehen
Und keinen
Augenblick der Freude zu versäumen.

Das alles und mehr erfüllt unsere Zeit,
Unsere Gespräche mit Wünschen und Träumen
Beim Wiedersehen und dem warmen Gefühl von
Vertrautheit.

Glaube, Hoffnung, Liebe

Das Fünklein

Am Anfang war es klitzeklein,
Es war auch mehr ein Flattern,
Erhellte für Sekunden nur
Die dunkle Welt der Schatten.

Zunächst erschien 's nur dann und wann
Blitzartig im tiefsten Drama.
Ein Irrlicht, sagte ich mir bang,
Und ganz und gar eine Fatamorgana.

Die Tragödie nahm dann ihren Lauf
Die Sucht ist eine mit vielen Akten
Sie ist fast klassisch konzipiert,
Ein Happy End kaum zu erwarten.

Die Szenen steuern unaufhaltsam
Dem Höhepunkt, dem Ende zu
Die Frage bleibt: ist es gewaltsam
Oder lässt es eine Wendung zu?

Da taucht es wieder auf, das Irrlicht
Und geistert flackernd durch den Raum
Wie war das noch mit der Tragödie,
Und nennt man die nicht auch *comedie*,
Die 's schon im Mittelalter gab
Und die aus Schuld, aus Hass, Gewalt und Schrecken
So etwas machte wie Grotesken?

Das Irrlicht tanzt
Es gibt kein' Zweifel

45

Ich starre hin
Und seh, putz-Teufel:
Es tanzt ja einen Freudentanz
Und das bei mehraktiger Tragödie.
Da bläht sich jäh das Fünklein auf
Und spricht:
Ich bin die Hoffnung im letzten Akt
Es war eine Tragikomödie.

Die Hoffnung stirbt zuletzt

Warum hoffen wir auch dann
Wenn es nach größter Wahrscheinlichkeit
Unmöglich sein kann,
Dass es weit und breit

Nur die geringste Chance auf Hilfe gibt?
Wenn das Hoffnungslicht
Wie eine Fatamorgana in der Ferne schimmert
Und kein Hoffnungsstrahl das Dunkel durchbricht

Oder in Sichtweite flimmert,
Warum dann noch immer
Diese Illusion,
Dieses Lebensgesetz?

Darum:
Die Hoffnung stirbt zuletzt.

Prinzip Hoffnung

Es heißt: sie schimmert
– Hoffnungsschimmer
Und sie macht froh
– hoffnungsfroh
Aber nicht immer bleibt ein Funke
Und so
Hilft nur der Glaube,
Der Berge versetzt,
Und felsenfest
Führen Glaube und Hoffnung
Zu jener Kraft,
Die Krankheit besiegt
Und auch dann nicht flieht,
Wenn die Hoffnung verschwindet.

Sie soll von allen dreien
Die Größte sein.
Man muss nur an sie glauben,
Auf sie hoffen und bauen.

Es ist die Liebe,
Sie ist stärker als wir
Und sie macht keinen Unterschied
Zwischen Mensch und Tier.

Tagesbeginn

Zurückzukehren in die Geborgenheit
Der alten Mauern,
Schon am Morgen mit Gelassenheit
Dem Tag entgegen zu schauen

Keine Vorhaltung
Keine Fragen
Keine Bemühung,
Den Versuch zu wagen,

Deine Abschirmung zu durchdringen,
Einen Weg zu finden und einen Sinn,
Ihn zurückzubringen,
Den morgendlichen, gemeinsamen
Tagesbeginn.

Hoffnungsepidemie

Verursacht wurde sie
Weltweit auf allen Kontinenten
Vom vierundvierzigsten
Schwarz-weißen Präsidenten

Der Bazillus ist hoch ansteckend,
Befällt sonst eher Immune;
Ganze Scharen erliegen ihm,
Werden schwach,
Lieben ihn.

Wer hat uns das letzte Mal gelehrt,
Eine Botschaft zu senden,
Seine Feinde nicht zu hassen,
Kriege zu beenden,
Gefangenen ihre Würde zu lassen?

War es nicht vor zweitausend Jahren,
Jubelte man ihm nicht zu,
Kamen nicht die Menschen in Scharen
Auf der Suche nach Seelenheil, Friede und Ruh?

Auch damals betete man den Mammon an,
Auch damals war der ein Schurke, der anders dachte
Die Guten waren selbstgerecht, mächtig, nicht arm
Kein Wunder, dass einer Gehör fand, der Wunder machte

Eines kann der Vierundvierzigste nicht:
Er verwandelt nicht Wasser in Wein,
Aber der Damalige musste auch noch nicht
Zusätzlich ein guter Familienvater sein.

Heimat

Hier bin ich zu Hause

Wenn Nachbars Rasenmäher surrt
Und durch die Rotbuche leuchtet ein Stück Himmel,
Wenn die kurzbeinige Tigerkatze um die Ecke guckt
Und das Mittagskirchen-Glöcklein bimmelt,

Wenn die laute Spatzenfamilie in der Regenrinne
schwatzt,
Das Gemüseauto hupend um die Ecke biegt,
Die Postbotin mit der Nachbarin klatscht
Und die dicke Hummel auf der Cosmeablüte sitzt,

Dann unterbreche ich mein Tagewerk,
Es ist Zeit für eine Dankbarkeits-Pause.
Warum habe ich es nicht schon früher bemerkt?
Hier will ich bleiben,
Hier bin ich zuhause.

Mein Lebenselixier

Manchmal bin ich allein auf der Welt,
Allein mit mir und meinem alten Haus.
Das Telefon ist abgestellt
Und keine Maus

In der Scheune und hinter der Zwischenwand
Stört meine Kreise.
In Reichweite
Habe ich viel Papier, und Essbares zur Hand.
Es gibt keine Beweise

Für meine Anwesenheit,
Ich stehle mir die Zeit,
Kein Licht bei anbrechender Dunkelheit,
Nichts verrät meine Geborgenheit,

In der ich mich eingegraben habe,
Zwischen Papier und Katzen.
Ich vertrage
Viel Geschnurre und Gekratze von Tatzen,

Aber keine menschlichen Laute,
Auf gar keinen Fall Geschwätzigkeit.
Es ist als schaute
Ich über ein Meer von Behaglichkeit.

Davon gönne ich mir
Tagesrationen, in Buchseiten versteckt,
Auf Druckpapier,
Von Katzenpfoten zum Teil bedeckt:
Mein Lebenselixier.

Liederfest auf Burg Waldeck (1)

„Vielleicht verlierst du, wenn du kämpfst,
Wenn du nicht kämpfst, hast du verloren"
Ein Lied, das mir gefällt
Leider reimt es sich nicht

Aber es passt
Auf mich
Auf das, was
Mir gerade heute am Herzen liegt

Mich antreibt
Was mich bewegt
Mir Stärke verleiht
Mich motiviert

Will ich herausfordern
Oder mich ergeben?
Will ich mich aufopfern
Oder ein Leben leben

Das nicht verzichtet
Auf das, was ich bin:
Eine – manchmal –
Unerschrockene Individualistin.

Liederfest auf der Burg Waldeck (2)

Nach Waldeck gehen
Viele Menschen, Lachen, Musik
Festtagsgesichter sehen
Ein Fest, das es schon lange gibt

Im Baybachtal, ein magischer Ort
Der schon immer
Menschen anzog
Auf dem ein Schimmer

Von Schloßgeist-Poesie liegt
An friedlichen Nicht-Fest-Tagen
Wo es noch Wildkatzen gibt
Die Bäume noch Dauergrün-Roben tragen

Und jedes Jahr an Pfingsten diese Musik
Chaos, Festtagslärm, der im Tal widerhallt
Auf Hunsrückfeldern – im Wald
Theater, Kindergeschrei, Hochbetrieb

Ein Stück Heimat
Nostalgie
Die Pfingstwanderungen dorthin
Vergesse ich nie.

Gegenwart und Erinnerung
Landschaft und Musik
Haben die gleiche Faszination
Unwandelbar, im Wandel der Zeit

Denn es gibt
Eine immerwährende Sehnsucht nach Musik, Natur
Die so laut und pur
Im Landschafts-Versteck
Einmalig ist:
Das Liederfest auf Burg Waldeck.

In meinem Elternhaus

Wenn der Frühjahrswind über die Dächer huscht
Und das alte Gebälk behäbig knarrt,
Wenn die Mäuse-Großfamilie hinter der
Wand zur Scheune nach Nahrung sucht

Und der dicke Neufundländer an der
Speichertür scharrt,
Wenn die Landlüfte zum Fenster hereinwehen,
Nachbars Pferde in freudiges Wiehern ausbrechen,

Die gepflegten Landkatzen wegen den tieffliegenden
Schwalben die Köpfe einziehen
Und die Spatzen, die frechen,
Sich lautstark streiten statt fliehen,

Wenn ich mich mit Kaffeetasse und Buch
Im gemütlichsten Winkel vergrabe,
Das Essen vergesse
Und viel Lust zum Schweigen habe,

Dann sieht es so aus
Als wäre ich wieder angekommen
Auf dem Land,
In meinem Elternhaus.

Ode an ein altes Haus

Du bist mein Zufluchtsort.
In all den Jahren
Warst du der Hort
Der Ruhe,
Auch wenn ich so tue,
Als wäre ich zu Hause in der Welt.

Von allem, was mir gefällt,
Bist du mir das liebste,
Das wärmste, das vertrauteste,
Das schönste Haus der Welt.

Du hast eine Seele,
Die ist alt und weise.
Das fand – auch –
Ein alter Seelenkenner heraus,
Der leise
Geschichten erzählte,

Von Menschen, die dich bewohnten,
Die dich lieben konnten,
Weil sie sahen,
Dass du nicht mehr sein wolltest
Als ein altes Haus, ein Klosterhof,
Ein Ort der Kontemplation und frohester
Lebensgefühle.

Du hast so vielen Menschen
Schutz gewährt.
Sie waren es wert;
Denn sie behandelten dich gut.

Du gabst ihnen den Mut,
Das Leben zu ertragen,
Zu kämpfen
Und nicht zu verzagen
In Zeiten von Kriegen,
Von Hunger, von Not.
Du gabst ihnen Kraft,
Die Einhalt gebot

Den Reichen und Mächtigen
Und all den schrecklichen
Glaubens-Diktaten,
Die Menschen versklavten
Und selbst den Toten Ihren Platz versagten,
Die aber die Freiheit des Geistes fanden
Und ihren eigenen Gott erkannten.

Du hast ihnen Zuflucht geschenkt.
So wie mir,
Die dankbar in dir
Die schönsten Stunden
Ihres Lebens verbrachte,
Wobei ich oft dachte:

Ich danke euch,
Meinen Vorlebensgeistern und Seelen
Und all denen,
Die bei mir waren
In Stunden der Not,
Der Liebe, der Traurigkeit
Und die im Tod
Mich begleiten werden
Um dann weiter auf Erden

Die zu betreuen,
Die sich in deinen Mauern erfreuen.

Du bist nur ein Haus.
Aber du bist mein Symbol
Für Liebe und Schutz,
Für Freiheit und Lust,
In dir zu wohnen.

Die Kraft, die ich spüre
In deinen Mauern,
Kommt – so denke ich –
Von deinen Erbauern.
Den Menschen, die als Gottesfinder
Oder als Sünder,
Als Mönche, als Hexen, als Bauern
Im Schutz deiner Mauern,
In dir lebten und starben.

Ich danke und vertraue euch
Freien Geistern
Für die Gunst,
In diesem alten Haus
Mein Leben zu meistern.

Ein Tag wie gemalt

Vogelgezwitscher und Himmelblau,
Der Flieder duftet und leuchtet.
Nach all dem Grau
Ist es so, als ob die feuchte

Erde Farben und Funken versprüht
Wie ein Vulkan
Dessen Lava glüht
Und jedermann
Das Naturschauspiel liebt.

Man sieht es wachsen, ein herber Duft
Von knallgelbem Raps in Dauerblüte
Liegt in der Luft.
Du meine Güte!

Diese Lebens-Gewalt
Ist wie eine Explosion.
War sie so geballt
Immer schon?

Sie war!
Und wo war das Menschenkind,
Das sie nicht sah?
Eingeschlossen, wo die Nacht-Geister sind

Und das Frühlingslicht
Verschwenderisch
Unsichtbar ist
Und sie nicht durchbricht,

Die Mauern im Schattenreich;
Oder doch – wenn der Angstschrei verhallt
An einem Tag, von dem es heißt:
Ein Tag wie gemalt.

Verschnaufpause

Ein Tag im April
Einer von denen, der es gut mit mir meint
Ich habe meine Zuflucht gefunden
Und es scheint
Als sei es gelungen
Die Quälgeister ihren Frühlingsgefühlen zu
überlassen
Ihnen – vorübergehend – zu entkommen
Noch kann ich es nicht fassen
Aber ich habe mir vorgenommen
Sie nicht zu provozieren
Unauffällig auf meinem Rückzugs-Sitz zu hocken
Und nicht zu riskieren
Sie anzulocken
Etwa durch große Entscheidungen
Oder kleine Glücksäußerungen
Keine Herausforderungen!
Fast unsichtbar sitze ich heute am Kaiserweiher
Um mich herum quakt und summt es
Und die alte Sorgen-Leier
Scheint weiter entfernt als die Antarktis.
Ich stelle mir vor, dass meine Quälgeister
In den Frühling tanzen
Nicht an ihre Arbeit denken
Und nur ein kleiner, gutmütig feister
Am Rande des Weihers sitzt, ohne mich abzulenken
Der sich aber voller Mitleid sagt:
Hier ist sie zuhause
Gönnen wir ihr eine
Verschnaufpause!

Illusionen

Engelport

Immer wieder schrieb ich dir,
Immer wieder fragte ich mich,
Schreibe ich vielleicht nur mir?
Denn ich wusste, du antwortest nicht.

Mit der Zeit freute ich mich auf meine Briefe;
Ich erfuhr meine geheimsten Wünsche.
Hätte ich es mir nicht geschrieben,
Wäre es verloren gegangen, im Alltagsgetriebe.

Allmählich änderte sich ihre Form,
Sie wurden zu Gedichten.
Ich ließ sie frei,
So wurden sie zu Alltagsgeschichten
.

Geschichten von Trauer, von Leid, von Trennung;
Geschichten von Freude, Vertrauen, und Hoffnung,
Von all dem kleinen und großen Bekennen
Zu Freiheit,
Zu Unzulänglichkeit
.

Dann, nach endlos langer Zeit,
Gab es kleine Zeichen der Wandlung.
Warst du bereit, war es so weit,
Bestand der Wunsch nach Behandlung?

Zunächst versteckt, verschämt und scheu,
Fast unscheinbar – wie Ausprobieren
Wer würde schon die Worte neu
Mit Bleistift hinskizzieren?

Symbole sind wie ein Geschenk,
Geheimnisvoll verpackt.
Am Anfang war,
Wie wunderbar,
Vertrauen und ein kleiner Ort:
Engelport.

Die Illusion von einer guten Welt

Immer wieder traust du dich
Immer wieder fasst du Mut
Immer wieder freust du dich
Immer wieder tut es gut

Mitzufeiern, mitzutrauern
Still zu weinen, laut zu lachen
Kleine Fehler zu bedauern
Große wieder gutzumachen

Dankbar zu sein für das Geschenk des Lebens
Auch in Zeiten von Sorgen und Not
Peinigern und Schuldigen zu vergeben
Vertrauen zu haben bis zum Tod

Und wenn du dann alt und weise bist
Und dich noch immer für lebenstüchtig hältst
Dann hat sie sich doch gelohnt, die Sicht,
Die Illusion von einer guten Welt.

Mit Herz, Initiative und Verstand

Wenn kupferrote Ahornblätter
Lautlos durch die Lüfte segeln
Und es so aussieht, als hätte
Der Herbst vergessen, seine Arbeit zu regeln

Wenn reife Äpfel noch an den Bäumen schimmern,
Tausende von Walnüssen auf der Wiese liegen,
Die Beeren der Rotdornhecken in der Sonne
flimmern
Und im Garten noch Schmetterlinge fliegen

Dann sind das sonst Oktobertage
Aber in diesem Jahr
Stellt sich die Frage
Warum im November? Wie sonderbar!

Ist es nur
Eine Laune der Natur
Oder sind wir Menschen
Mit Unserer Gier
Verantwortlich dafür

Die Antwort ist JA
Und wir haben es erkannt
Die Bereitschaft ist da
Aber hätten
Wir genug Menschen
Mit Herz, Initiative und Verstand,
Unsere Erde zu retten?

Mit sich im Reinen

Gerne wäre ich mit mir im Reinen
Allein, es gelingt mir nicht
Ständig gibt es diese feinen
Unterschiede aus Sicht

Der Betrachtung
Des Anspruchs
Der Erwartung
Des Versuchs

Nicht zornig zu streiten
Hilfe zu leisten
Gelassen zu sein in schweren Zeiten
Krisen zu meistern

In meinem kleinen Lebenskreis
Obgleich ich verzweifelt bin
Aber trotzdem weiß:
Es gibt einen Sinn

Denn ich bin
Eine von denen, die meinen
Manchmal wären sie
Mit sich im Reinen.

Illusion

Lavendelduft durchzieht das Tal
Sichtbar als blaue Wolke
Ich atme tief, und noch einmal
Wird klar, was gar nicht klar sein sollte.

Der Duft ist blau, ich kann ihn sehen
Das Phänomen
Es wird vergehen
Was bleibt, ist Dank es wahrzunehmen

Ein blauer Duft, eine andere Dimension
Sie ist wie ewige Liebe
Wie Glück, wie Friede
Eine wunderbare
Illusion.

Morgenstern

Der Morgenstern war lange Zeit
Ein Stern, den ich nicht ehrte
Vermutlich weil er in der Nacht
In der ich mich nicht wehrte
So leuchtend hoch am Himmel stand
Was ich mir so erklärte:

Er hat eine zweifache Kraft
Die Sternen- und die Dichtermacht
Und ich bin nur ein Glühwürmlein
Du Morgenstern, mein Stern aus Licht,
Nimmst du mich auf in dein Gedicht?

Ich war ihm sehr gewogen
Denn schließlich hatte er
–bekannt–
Schon Könige angezogen.

Den hellen Stern, den schätze ich,
Ich muss es jetzt gestehn,
Nicht nur des Leuchtens wegen
Es ist schon auch die Macht des Lichts
Doch mehr noch spür ich tief in mir
Die wunderbare Kraft
Des Morgenstern-Gedichts.

Unterwegs

Manchmal ist das Ankommen traurig
Und fröhlich der Abschied von daheim
Die Zwischenzeit schaurig
Und nur das Reisen bedeutet zufrieden zu sein.

Hier ist meine Heimat
Und doch will ich fort
Mir gefällt selbst die Mühsal der Fahrt
Zu dem anderen Ort.
Zu den Katzen, den Pinien
Der Arbeit, dem Meer
Aber wo immer ich bin
Ich wär
Am liebsten
Unterwegs.

Wer anderen droht wird selbst bedroht

Die Drohenden haben Angst
Angst vor der eigenen Ohnmacht
Schon längst
Haben sie den Verdacht

Dass Angst schwach macht
Und daher getarnt werden muss
Durch Übermacht
Die auf mehr Angst beruht

Ein Angst-Kreislauf entsteht
Er hört nicht auf
Weil Angst nicht vergeht
Solange die Ursache versteckt und geschickt

Die Angst antreibt
Ihr Nahrung gibt
Und ihr nicht verzeiht
Wenn sie nicht bekennt:

Hier bin ich
Du bedrohst mich
Aber anderen drohe ich nicht
Weil nur so der Kreislauf
Zu durchbrechen ist

Für die Zeit
Auf Erden
Die uns bleibt
Und wir werden

Sie nicht mit Drohungen verschwenden
Wir durchbrechen den Kreis
Auch Kriege sind zu beenden
Wie ein jeder weiß
Wer andern droht, wird selbst bedroht.

Lebenskraft und Lebensfreude

Am End

Wir alle haben Talente
Haben wir auch den Mut
Zu sagen: das kann ich
Das mache ich gut.

Es zu wagen
Uns zu unserem Talent zu bekennen,
Vielleicht ist es unzeitgemäß
Oder skurril

Den Mut, meinen Namen zu nennen
Und zu sagen: Ich will
Einen Beitrag leisten
Etwas riskieren

Die Sache meistern
Eventuell verlieren
Mich in Frage stellen
Mich sogar lächerlich machen

Im Zweifelsfalle zu lachen
Über das, was ich träumte
Mein naives Vertrauen
Was ich versäumte

Und all den schlauen Rat
Brauche ich den?
Was ich brauche ist meine Tat
Für wen?

Zunächst für mich und mein Talent
Denn ich glaube an mich
Und das hilft mir
Am End.

Wie Sand am Meer

Gedichte gibt's wie Sand am Meer
Und Sand, das ist die Wonne
Man aalt sich drin
Und möchte mehr
Von Sand, Gedicht und Sonne.

Das Meer ist eine Erdenmacht
Nur Himmelsmacht sei stärker
So meint der Mensch
Doch Gott, der lacht
Er weiß:
Die Macht macht Ärger.

Vernichte mich

Ein Wintersturm knickt nicht nur Bäume
Es gießt und heult, es blitzt und kracht
Die Nässe kriecht in meine Träume
Das Angstgespenst durchstreift die Nacht.

Tagsüber ist es unsichtbar
Natürlich kenn ich sein Versteck
Listig banne ich die Gefahr
Stürze mich in Arbeit, scheuche Sorgen weg.

Jedoch in einer Nacht wie heute
Missbraucht es seine Schattenmacht
Mit wilder Schreck-Gespenster-Freude
Bläht es sich auf, ist hämisch, lacht.

Du hältst dich doch für realistisch
Beweise, dass du mutig bist
Fass dir ein Herz, sei unnachsichtig
Vernichte mich.

Das gibt es nicht

Es gibt Tage ohne Lachen
Ohne einen Freudenschimmer
Tage, die uns glauben lassen
So wie heute bleibt es immer

Es gibt Tage, die schon am Morgen
Uns sanft mit Sonnenstrahlen wecken
Vor denen dunkle Dauersorgen
Sich verkriechen, sich verstecken

Dann gibt es diese Tage des Glücks
An denen bringt jeder, der mit uns spricht
Uns Glauben, Hoffnung und Liebe zurück
Ein Tag ohne Gedicht
Das gibt es nicht.

Nur meine Wahrnehmung verändert sich

Eine unförmige weiße Nebelkuh
Schwebt über dem Orta-See
Dickköpfig und rundbauchig, im Nu
Verwandelt sie sich, wird zur Wasserfee

Die Umrisse der Felsenkirche werden sichtbar
Ein Ruhepunkt in dem sich wandelnden Licht
Die Wallfahrtskirche Madonna del Sasso
Bleibt da, wo sie immer war
Nur meine Wahrnehmung verändert sich.

Warte bis zum Morgengrauen

Nachts kannst du nicht den Worten vertrauen
Es fehlt das Licht
Die Zuversicht
Trau ihnen nicht
Warte bis zum Morgengrauen.

Mein Gedicht

Mitten in der Nacht
Befiehlt es mir: schreib!
Und was ist so wichtig
Dass du mich um drei Uhr nachts
Bedrängst, belästigst?
So würde ich das nicht nennen
Meint mein Gedicht.
Ich gebe dir nur Gelegenheit
Deine Gedanken zu beschäftigen
Immerhin hast du die Wahl:
Passiv oder aktiv – lies oder schreib.
Ich bedanke mich bei meinem Gedicht
Und lese Gedichte.

Die Entdeckung der Dankbarkeit

Das Schicksal hatte dich beschenkt
Mit Lebenskraft, die wunderbar war
Du hast sie fast ertränkt
Aber sie ist noch da.

Sie wiederzufinden bist du bereit
Du hast noch die Zeit!
Voraussetzung ist eine Notwendigkeit
Die Entdeckung der Dankbarkeit.

Die Macht der Dankbarkeit

Schon am frühen Morgen
Dem Tag dankbar entgegenzusehen
Ist wie eine Garantie, ohne Sorgen
Aufzustehen, sich einzugestehen:

Ich bin dankbar für das
Was der Tag mir beschert
Und frage mich neugierig
Was ist er mir wert?

Strenge ich mich an
Will ich ihn gut überstehen
Oder wird mir Angst und Bang
Die Herausforderung zu sehen?

Ich habe die Kraft
Ich bin bereit
Und spüre sie
Die Macht der Dankbarkeit.

Nichts ist beständiger als der Wechsel

Wie wohltuend ist Gelassenheit
In Zeiten ständiger Sorgen
Der Kaffeduft zur Morgenzeit
Ein leises: Guten Morgen

Zwei dösende Katzen neben der Tasse
Gartenarbeit, reimen, mittags bei Freundin
Das ist eine Masse
Licht für eine Schwarzseherin
Hinzu kommt eine Reise-Aussicht
Verheißungsvoll lockt sie – hell
Den Termin gibt es noch nicht
Denn
Nichts ist beständiger als der Wechsel.

Gefühle der Dankbarkeit

Dankbarkeit ist eine Tugend
Lässt sie es zu, zu fragen?
Ist sie wie Jugend?

Ein Geschenk der Natur
Das jeder erhält
Oder nur
Demjenigen zufällt

Der versteht:
Unser Leben auf dieser Welt
Ist einmalig und vergeht
Was zählt

Sind Menschen, Gemeinsamkeit
Träume, eine Vision
Und zu jeder Zeit
Unendliche – eine Million
Gefühle der Dankbarkeit.

Frieden zu schließen

Es ist vollbracht
Heute habe ich Frieden geschlossen
Frieden zu schließen mit aller Kraft
Das macht

Friedenssüchtig
Wie leicht selbst der Regen fällt
Wie flüchtig, wie nichtig
Sind die kleinen Sorgen auf dieser Welt

Im Moment lebe ich
In der Geborgenheit
Der *casita*, dem Vertrauen in mich
Und der Möglichkeit

In Frieden zu leben
Trotz Kummer und Sorgen
Nicht aufzugeben
Und jeden Morgen

Dankbar zu sein,
Die Stunden zu genießen,
Auch ganz allein
Mit mir
Frieden zu schließen.

In Freud und Leid

Ob schöner Götterfunke
Oder Freudentanz,
Wir sind vor Freude trunken
Und voll und ganz

Mit dem Leben verbunden,
Solange es für uns Tanz und Freude gibt.
Und in schweren Stunden
Sagt der, der nicht aufgibt:

Es gibt keine Alternative
Zum Leben
Mit meiner Initiative
Könnten sich Wandlungen ergeben

Zum Beispiel das Leid akzeptieren,
Einen Schicksalsbund flechten
Mit den Übermächten

Uns zu jeder Zeit sagen
Wir sind bereit
Denn alles, was wir haben,
Ist das Jetzt
In Freud und Leid.

Keine Belohnung für ein langes Leben

Die Weisheit des Alters sei ein Gerücht
Meint eine Freundin
So einfach ist das nicht
Meine ich und bin

Ungläubig
Noch nicht alt oder weise
Vorläufig
Eher auf meine Weise – leise

Zuversichtlich
Was ist die Alternative?
Die Jugendliche,
Naive?

Die einen Sinn sehen will
Im Altern
Auf keinen Fall still
Standhalten will mit Sorgenfalten

Die vielleicht erkennt:
Weisheit ist wie ein Geschenk
Wie Versöhnung
Unabhängig von Alter und Streben
Keine Belohnung für ein langes Leben.

Freiraum

Er ist der kleine Bruder
Der großen Schwester Freiheit
Ist sie ein Luder?
Und er will nur diese Kleinigkeit:

Einen freien Raum mit Sonnenlicht
Zum Denken und Träumen
Und nutze ich ihn nicht
Werde ich sie versäumen:

Die Besonnenheit
Die Klarheit
Die Gewissheit.
Nur wer sich selbst frei fühlt und liebt
Frei steht wie ein Baum
Der gibt
Auch den anderen
Freiraum.

Ein Tag, der hat schon seine Tücken

Die Sonne schimmert in den Pfützen
Kein Wunder dass ich fröhlich bin
Wer sieht es schon in Ritzen glitzern
Nur der, der es auch sehen will.

Ein Tag ist grau
Ein Tag, der schimmert
Wir selbst nur wissen ungenau
Wie gräulich er am Ende glimmert
Um dann verblüfft zurückzublicken:
Ein Tag, der hat schon seine Tücken.

Freiheitsverlangen

Ohne Zwang keine Freiheit
Wer das kennt
Der ist bereit
Für das Experiment.

Freiheit bekommt man nicht,
Man nimmt sie sich!
Und was ist mit der Pflicht?
Aufopfernde Selbstlosigkeit, das ist

Ein kluges Herrschaftsverlangen
Dumm war nur der Zwang
Damit hat es angefangen, das
Freiheitsverlangen.

Kampfansage

Kann ich den bösen Geistern ein Schnäppchen
schlagen?
Ich kann!

Kann ich die Vergangenheits-Dämonen meistern?
Ich werde es wagen!

Kann ich mit den Zukunfts-Mächten einen Pakt
beginnen?
Es wird mir gelingen!

Lebensgeister

Langsam kehren sie zurück, die Lebensgeister
Schlüpfen aus ihren Verstecken
Bitte kein Freudentanz, kein dreister!
Auf gar keinen Fall Neid erwecken.

In die Helligkeit lachen
Aus nachtdunklen Ecken
Den Himmel betrachten
Die Freundes-Geister wecken.

Melodien im Sinn
Schon früh am Morgen
Wie griesgrämig sie heut scheinen
Die verknitterten Sorgen
Die Warnung aus dem alten Lebens-Truhen-Schatz:
„Die Vögel, die morgens so früh singen,
Holt nachmittags die Katz."

Nonverbal

Manchmal weinen wir vor Freude
Manchmal lachen wir vor Pein
Immer ist's das Jetzt und Heute
Das uns hilft, wir selbst zu sein.

Manchmal bin ich außer mir
Da hilft kein Lachen oder Weinen
Stehe buchstäblich neben mir
Gibt's einen Ausweg, oder keinen?

Mich zu trösten, mir zu helfen
Eine Reaktion zu finden,
Die die Hilflosigkeit durchbricht
Ich kann mich nicht überwinden
Und so verharre ich
In einer Starre, wie versteinert,
Bis plötzlich – gleichsam eruptiv
Der Ausbruch folgt
Es schreit aus mir – explosiv.

Hemmungslos und fassungslos
Ist die Verzweiflung da.
Da gibt es keinen Schritt zurück
Erst hinterher, da wird mir klar
Die größte Hilfe ist im Augenblick:
Nonverbal.

Tatenlos zu sein

Hilft es wirklich, sich die Wut
Von der Seele zu schreiben?
Ja, es hilft
Tut es nicht eher gut
Laut zu schreien?
Ja, es tut gut.
Wäre es nicht besser zu rennen
Fenster zu putzen
Zu flennen
Die Rosen zu stutzen
Laut zu brüllen
Im Garten zu graben
Die Zisterne zu füllen
Auf dem Laufband zu traben
Heftig zu fluchen
Den Keller aufzuräumen
Nach Hilfe zu rufen
Vor Wut zu schäumen
Kurz, nicht eher zu ruhn
Bis sie besiegt ist, die Wut und die Pein
Denn alles ist besser als
Tatenlos zu sein.

Trostsuche

Bei meiner Trostsuche klopfe ich an
Bei meinen Trostspendern: den Freunden, der
Poesie, der Natur
Und dann
Bedarf es nur
Der Bereitschaft, sie anzunehmen
Die Angebote der großen Tröster
Die Hilfe und die Macht
Die von ihnen ausgehen
Und plötzlich ist sie da, die Kraft
Auszuwählen, mir vorzustellen, wie er herüberweht
Der Zauber
Die Magie der Poesie
Wie er mir hilft, die Angstgespenster zu verjagen
Und es zu wagen
Mich zu konzentrieren
Die Worte zu kombinieren
Dem Augenblick zu vertrauen
Ja, ihn zu gestalten
Auf die Aussage „Das Gedicht ist immer jetzt" zu
bauen
Und nicht festzuhalten
An der Ohnmacht der Vergangenheit
Denn sieh:
Jetzt – in diesem Augenblick
Helfen dir die Geister der Poesie.

Was sie getan hätte,
wenn sie nicht geschrieben hätte

Ist ein schreckenerregender Gedanke
Trifft das auf jeden zu, der schreibt?
Wenn der Zwang stärker ist als die
Wortlose Einsamkeit.

Worte oder Bilder, helfen sie?
Hilft Musik oder tanzen?
Die Antwort ist ja, denn die Phantasie
Ist der Ursprung unseres ganzen

Lebensgefühls, ohne sie
Wären wir nur ausgeliefert
An die unbekannte Macht
Die zwar das Leben erschafft

Aber die Lebenskraft,
Wer gab uns die?
Und existiert sie überhaupt
Ohne unsere Phantasie?

Wenn wieder einmal

Die Lebenshilfen zusammenbrechen
Am Horizont kein Lichtlein glitzert
Wenn Alltagsfehler sich schamlos rächen
Und jegliche Selbsthilfe mehr als einen
Ritz hat

Dann ist die Frage:
Wie begegne ich der Herausforderung,
Mutig oder vage?
Ich neige zur Harmonisierung

Aber die ist fehl am Platz
Denn aus Erfahrung
Sollte ich wissen
Dass jeder halbherzige Einsatz
Nur eines zur Folge hat:

Ängstlichkeit
Falsche Bescheidenheit
Verlogenheit
Feigheit

Und so entschließe ich mich
Notgedrungen
Zu Besonnenheit.
Ein mühsamer Weg
Zur Eigenständigkeit.

Manche Tage

Manche Tage sind erträglich
Manche eine große Last
Viele sind so feiertäglich
Weil ein Kind dich strahlend anlacht.

Keiner ist umsonst gelebt
An keinem gibst du dich ganz auf
Manchmal kommt am Abend noch
Ein kleines Fünkchen Hoffnung auf

Sollte aber irgendwann
Auch das Fünkchen nicht mehr scheinen
Zünd' dir eine Kerze an
Nur wer sich selbst beschenkt kann weinen.

Der Melancholie-Überfall

Am Meer zu sitzen
An melancholischen Tagen
In der Sonne zu schwitzen
Und nicht zu fragen

Was sein wird
Wenn die Nacht anbricht
Und fraglich ist, ob sie noch da ist
Die tägliche Pflicht

Zu verstehen
Vorwärtszugehen
Auf dem Weg des Loslassens und Einsehens
Trostspender anzuflehen ...

Das Meer war einer für den Tag
Das Gedicht ist einer für die Nacht
Was auch kommen mag
Selbst wenn sie wieder erwacht,

Die Furcht vor der Ungewissheit
In Gespenstergewändern
Ich bin bereit
Und vertraue meinen Trostspendern

Ganz plötzlich ist es da
In melancholischen Stunden in der Nacht
Das Geräusch – unverzichtbar
Die Katzenklappe geht auf, mal ratternd, mal sacht

Jede Katze hat ihren eigenen Eintritts-Elan
Unverkennbar individuell
Ich erkenne sie daran
Erfreut und schnell

Und mit meinen schnurrenden Trostspendern überall
Ist er wieder besiegt:
Der Melancholie-Überfall.

Wut

Wut ist eine Hilfe
Wut ist eine Last
Wut ist ein Geschenk
Und fast
So hilfreich wie Liebe
So lästig wie Hiebe
So gnädig wie Diebe,
Die nicht alles rauben
Weil sie glauben
Dass Wut notwendig ist
Und du nur so wütend bist
Weil das Leben ist wie es ist
Wunderbar – unvorstellbar
Schön und traurig
Und oft so schaurig
Wie blinde Wut
Wie gut sie tut.

Sabbatjahr

An einem Tag im Sabbatjahr

Dem neuen Tag gelassen entgegen sehen
Schon am Morgen ins Grüne zu schauen
Unbekannte Waldwege zu gehen
Das wieder entdeckte Gefühl von Vertrauen
Dankbar zu spüren
Es wahrzunehmen wie ein neues Lebenszeichen
Langsam die Beklemmung zu verlieren
Und zuzuschauen, wie sie zurückweichen
Die düsteren Schatten und Träume
Aus Misstrauens-Tagen
Um den neuen Lebensgeistern einen Platz
einzuräumen
So dass sie es wagen,
Sich zu verwirklichen
Wieder auf Instinkt und Intuition zu vertrauen,
Sie einzustellen, die Bemühungen, die vergeblichen
Und auf dem Lebensgefühl von Selbstvertrauen
Aufzubauen
An einem Tag im Sabbatjahr.

Ein Sabbatjahr

Ein großer Entschluss ist wie eine Begegnung
Eine Begegnung mit dir selbst
Auf einmal gibt es eine Bewegung
Im weiten Feld
Der Möglichkeiten
Verlorenheit
Vergeblichkeit
Offenheit
Freiheit

Am Anfang, da ist es nur ein Gedankenspiel
Abrufbar und eingesetzt in Momenten großer Not
Doch dann wird es zu einem Ziel
Wie ein Schicksalsangebot

Ausharren kann eine Tugend sein
Hoch geschätzt auf der Skala von Werten
Schließt außerdem die Hoffnung ein
Irgendwann belohnt zu werden

Oder auch gerettet?
Das ist dann eher wunderbar
„Man liegt wie man sich bettet"
Sagt der Volksmund lapidar

Wunder gibt es immer
Für alle die auf Wunder bauen
Für die Nichtgläubigen hilft auch ein Schimmer
Von Selbstvertrauen

Die Rettungskräfte harren drinnen
In dem Verließ, in das man sie verbannte
Sie können erst dann mit ihrem Einsatz beginnen
Wenn man erkannte:
Jetzt oder nie.
Also jetzt!
Und der Entschluss ist da:
Ein Sabbatjahr.

Schicksal

Vor dem Abgrund

Die Fahrt in den Abgrund war

eine Höllenfahrt oder
eine Himmelfahrt?
eine Fahrt zu den
Ursprüngen
den Lebenslügen
den Schmerzen
der Dunkelheit
Nachtstille
der Stille unter dem Sternenhimmel
der Todesnähe
eine Fahrt ohne Rückkehr
in das Leben davor.

Nach der Fahrt ohne Rückkehr
in den Abgrund
beginnt ein neues Leben
Ein Leben ohne Angst
Vor dem Abgrund.

Ein hoffnungsloser Fall

Ein Rückfall
Ist wie ein Unfall
Ein Notfall
Ein Fall von Bedeutung
Heute gab es den lästigen
Wiederholungsfall
Des Vorwurfs
Ein Ausnahmefall
Sage ich mir
Und halte mich wieder
Einmal für
Einen hoffnungslosen Fall

Die Macht der Worte

In Zeiten der Not
Sind Gedichte wie Gebete.
Beide richten sich an einen
Fernen Gott, den man mit
Worten erreichen möchte,
Mit Gedanken,
Vor allem mit dem Glauben
An die Kraft des Gebets,
Die Macht der Worte.
Soll nicht am Anfang das
Wort gewesen sein?

Was für ein Tag

Man sagt, er sei historisch.
Der vierundvierzigste *Mister President* hat
Weltweit die Menschen zum Weinen
Und Hoffen gebracht.
Auch mich.

Wie kann ein einzelner Mann
Nur so viel Hoffnung auslösen?
Ob er weniger unterscheidet
Zwischen Guten und Bösen?
Er wird jetzt schon verehrt.
Ob das gutgehen kann?

In einer Nacht im Januar

In einer Nacht im Januar
Veränderte sich das Leben
Es geschieht fast sonderbar
Wie ein Blitz vom Himmel fällt
Fall auch ich – aus dieser Welt

Gellend schießt ein Schrei voraus
In den Abgrund, in das Dunkel
Nacht und Schmerz umfangen mich
Über mir ist Sterngefunkel

Niemals war ich ihnen so nah.
Gab es je in meinem Leben
Zeit und Raum unendlich klar?

Doch lautlos bricht der Himmel ein.
Herz und Seele wehren sieh
Werden Sterne hilfreich sein
Gegen die Macht der Finsternis?

Langsam öffnet sich das Tor.
Schmerz und Kälte strömen ein.
Zitternd kriecht die Angst hervor:
Und der Tod?
Kann er es sein?

Löwenmäulig
zieht eine silbrig glänzende
Wolke vorbei
– vor meinem Ausblick in die Welt

Löwenmäulig
mit Seidenflügeln
bewegt sich das Himmelsungeheuer

Der Ausblick,
der Einblick,
er wechselt
innerhalb von Sekunden

Sekunden des Glücks,
Glück von Sekunden.
Spitze grüne Palmzweige
dringen ein
in Himmelblau

Ein sanfter Nachmittagswind
zaubert Wolkenbilder,
unablässig,
unaufhörlich,
in bizarren Formen.
Im Wandel des Augenblicks
bricht die Sonne hervor

Seelenwanderung der Natur.
Ich wandere mit.

Schicksal

Das Schicksal ist, ein jeder weiß,
Die große Macht auf Erden.
Nur manchmal glaubt ein kleiner Mensch
Der Hybris Herr zu werden und denkt:
Ich könnte machtstark werden

Er zappelt wild
Und tönt und schachert
Und gibt sich übergroße Müh.
Allein das Häuflein Ich, es klappert
Nicht nur mit Zähnen,
Sondern Müh

Doch dann, so scheiden sich die Geister,
Scheint jeder Tag ein Hauptgewinn
Ich preise dich, oh du, mein Meister,
Der simpel lehrt:
Ich bin die, die ich bin.

Bis zu unserem Tod

Jeder Tag ist alles was wir haben
Jeder Tag mit seinen Besonderheiten
Mit jedem Tag verheilen Narben
Aus längst vergangener, alter Zeit

An jedem Tag gibt es Glücksmomente
Jeder Tag verleiht uns Kraft
An jedem Tag stehen wir vor einer Wende
Jeder Tag gibt uns die Macht

Uns nicht mit alten Vorbehalten aufzuhalten
Uns selbst zu vergeben
Ihn neu zu gestalten
Ein Leben zu leben

Das jetzt und heute
Wie bei einem Fest
Die ganze Meute
Verdrießlicher Gäste

Sich selbst überlässt
Bis sie gehen
Jedes Fest ist auch unter diesem
Aspekt zu sehen

Auch das Lebens-Fest
Oder die Lebens-Not
Wir sind die Mit-Gestalter
Bis zu unserem Tod.

Träume

Der Albtraum

Es war einmal ein böser Traum
Der kam allmählich wieder
Im Volksmund ist der Traum ein Alb
Verbreitet Furcht
Und drückt danieder

Man rennt und rennt und ist ganz nackt
Die Angst sitzt tief in unserer Seele
Der Alb, er schnürt und hetzt und packt
Greift mitleidslos uns an die Kehle

Ich schließe keinen Packt mit dir
Auch nicht mit deinem Partner Angst
Die zu rennen befiehlt – tief in mir
Nackt und bloß und weg von dir

Ich schau dich an
Dich und die Angst
Und seh' mit Staunen, voller Leben:
Die Macht, die du ausübst über mich
Die hab ich dir gegeben.

Träume und Reime

Es gibt in meinem Leben
Schon immer viele Träume
Sie kamen häufig Nacht für Nacht
Ich hab es mir nicht ausgedacht
Doch früh gehört: Träume sind Schäume

Und ziemlich bald – ich war noch klein
Da traute ich mich zu fragen:
Könnt ihr auch so wie Engel sein
Sie sagten weder ja noch nein

Sie waren wild und manchmal wirr
Wenn sie mir nicht behagten
Half ich ein wenig nach
Ich rüttelte und schüttelte
Und musste auch mal lügen
Um dann zum Schluss
Wie beim Puzzle-Spiel
Sie wieder zusammenzufügen

Und plötzlich war das Spiel
So wie es mir gefiel
Heut träum ich manchmal einen Vers
Wenn er mir nicht gefällt
Dann mache ich 's wie damals:
Ich rüttele und schüttele
Und setz ihn neu zusammen
Solange bis er mir gefällt
Dann sag ich: Danke, Amen

124

Und neuerdings da frag ich auch
Wie ist das mit dem Reimen:
Reime ich, weil ich träume oder
Träume ich, weil ich reime?

Neben dem Tulpenstrauß sitzt sie
Meine blauäugige Sphinx
Lächelt sie?
„Willst du, dass ich lächle?"
Fragt die Sphinx

„Nein", sage ich,
Ich will dass du dableibst,
Mein bewegliches Bild.
Märchenhaft mit Himmelblau
Wie eines von Chagall
Traumhaft und doch lebendig.
Ganz sacht löst sich ein Tulpenblatt
Es fällt auf das Gesicht der Sphinx
Und sie beginnt
– zu schnurren.

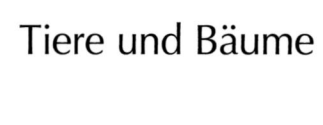

Tiere und Bäume

Baumgesichter

Sie entstehen
Noch seh ich sie kaum
Sie verwehen
Und doch ist es ein Baum
Der seltsam sich wandelt
Vom Winde bewegt
Wiegt er sich sacht
In Zweigen verwebt
Durchflutet die Nacht
Das grüne Haus
Und lockt sie sanft
Die Geister und Fratzen
Aus jenem Land
Das Menschen und Katzen
Nur träumend durchwandern
Um manchmal gebannt
Helle Augen zu sehen
Die nächtlich funkeln
Den Weg aufzeigen
Zu jenem Baum
Der auch von weitem
Sich schützend bewegt
Und lautlos lässt
Ein nächtlicher Wind
Dunkle Schatten entstehen
Jetzt kann ich sie sehen
Wie Katzenaugenlichter
Baumgesichter.

Die Fledermaus

Es gibt mich schon seit Jahrmillionen
Ich bin das kleinste Säugetier
Gemeinsam hab' ich mit den großen, dass wir
Wie unsere Vorfahren, in Höhlen wohnen

Damals mussten wir uns noch nicht bekriegen
Jeder hatte seinen Lebensraum
Wir Kleinen konnten schon fliegen
Die Großen kaum

Aufrecht gehen
Dafür ein wenig denken
Während wir damals schon, ohne zu sehen
Per Echolot unseren Flug lenkten

Dann vergingen ein paar Millionen Jährchen
Die Natur bevorzugte jene, die viel erfanden
Sie hatten fast nur noch auf dem Kopf Härchen
Dafür im Kopf viele kluge Gedanken

Sie waren die Erfinder
Kopierten pausenlos
Ihr Neid auf uns Flieger
War grenzenlos

Mit der Zeit wurden sie immer dreister
Machten sich die Erde untertan
So wie es ihnen empfohlen wurde – von ihrem Meister
Und verloren den Respekt, was blieb war der Wahn

130

Alle Lebewesen zu beherrschen
Ob groß oder klein
Und sie verbreiteten das Märchen
Herrscher der Erde zu sein

Sie erfanden Über- und Ultraschall
Bauten pro Nistplatz einen gigantischen Hafen
Ihre Herrscher regierten überall
Als wir uns das letzte Mal trafen

Beanspruchten sie unser Zuhause, ohne viel Worte
Im Hunsrück, neben einem ihrer Flughäfen, dem Hahn
Das war einer unserer letzten Zufluchtsorte
Wohlan

Ihr Eroberer, ihr glaubt ihr habt es geschafft
Aber fliegen könnt ihr immer noch nicht
Aus eigener Kraft.

Ein Leben ohne Katzen

Wer nie sein Bett mit Katzen teilt
Weiß nicht wie Flöhe jucken
Als Katzenfan ist frau bereit
Die Beulen anzugucken

Sie schimmern rot und schwellen sehr
Da hilft nur eins: zu kratzen
Die Alternative wär
Ein Leben ohne Katzen.

Die sogenannte Geborgenheit

Rote *Aloe vera* Kerzen
Schimmern durch weißen Morgendunst im Tal
Lautlos erwachen Pinien und Katzen
Die Natur entfaltet ihr Morgenritual

Das Rotkehlchen ist schon unterwegs
Auf der Hut vor gierigen Katzen
Podencos bellen aufgeregt
Auf dem Schlafbaum erwachen die Spatzen

Grün leuchtet eine Kette einzelner Pinien
Auf dem Bergrücken am Horizont
Wie eine Kamelkarawane ziehen sie Linien
Ein Stimmungsbild – gezeichnet gekonnt

Der Ofen wärmt mein Ausblickzimmer
Da sitze ich geborgen in Lautlosigkeit
Wie immer habe ich keinen Schimmer
Davon, wie es weitergeht mit
Der sogenannten Geborgenheit.

Deine hilfreichen Gaben

Silbergrau und himmelblau
Glitzernd leuchtet Herbstlaub-Pracht
Feigenduft im Morgentau
Die Natur verschwendet, macht

Zum Geschenk mir diesen Morgen
Orta schwelgt im Rausch der Farben
Selbst Nietzsche hatte hier kaum Sorgen
Madonna del Sasso, sind das
Deine hilfreichen Gaben?

Fabelhafte Nebelwesen

Seit den frühen Morgenstunden
Ziehen sie an meinem Zimmer mit Ausblick vorbei
Bizarre Gebilde, die wie verwunschen
Ihrer Auflösung entgegengleiten – formenfrei

Durch mich nehmen sie Formen an
Fabelwesen, Tiergestalten
Im Augenblick ist es ein Schwan
Gleich wird er seine Flügel entfalten

Sein Ziel scheint Isola San Julio zu sein
Haben Nebelwesen Ziele?
Eher nein.
Nur ich verfolge noch immer viele.

Warten – das lieben die Menschen nicht

Der Maulwurf lamentiert:
Man sieht mich nicht
Man hört mich nicht
Ich könnte garantiert

Ein glücklich frohes Leben
In meiner Unterwelt verbringen
Allein es bleibt da eben
Das tägliche Ringen

Mit der ungeklärten Frage
Was mach ich mit der vielen Erde
Wenn ich es nicht wage
Sie oberirdisch loszuwerden

Wie könnte man sie nur entsorgen
So dass kein Menschenaug' sie sieht
Dem Mensch, ihm bleibt sie nicht verborgen
Obgleich – sagt er – er Hügel liebt

An seinem Schönheitssinn gemessen
Da müssten sie bewachsen sein
Wie seine Hügel, die indessen
So zahlreich sind und auch nicht klein

Darunter ruhen seine Toten
Unter unseren pulsiert das Leben
Warum stören die Menschen unsere Methoden?
Nicht nur Licht kann Leben geben!

Außerdem steht auch nicht fest
Ob es sich mit nackter Haut
Besser leben lässt
Als mit einem samtigen Fell und überhaupt

Könnten zwei so unterschiedliche Lebewesen
Für die Hügel Leben oder Tod symbolisieren
Sich nicht gegenseitig auf diesem Planeten
Respektieren und tolerieren?

Ich bin nur ein Maulwurf
Gott sei Dank nicht in einem Garten
Aus meiner Sicht
Gäbe es eine Lösung, und zwar solange zu warten
Bis Gras über die Hügel gewachsen ist
Aber
Warten – das lieben die Menschen nicht.

Katzenidylle

Mozo schlummert
Chuli schnurrt
Chica kreischt
und leise surrt
ein dicker Brummer
über die Köpfe der drei
an den Näpfen vorbei

Katzenidylle
in der Nachmittagsstille

Was fasziniert so unendlich an Katzen
abgesehen von den samtenen Tatzen?

Ihre Sorglosigkeit?
Ihre Freiheit?
Ihre Dreistigkeit?
Ihre Unabhängigkeit?
Ihre Sauberkeit?
Ihre Grausamkeit?
Ihre vollkommene Art, sie selbst zu sein?
Frei zu sein
bis auf den unbedeutenden kleinen Rest,
das tägliche Fressensfest.

Der Feigenbaum

Im Oktober gibt es immer noch Feigen
Ihre Düfte sind wie eine unverkennbare Melodie
Sie vertreiben
Die Herbst-Melancholie

Feigenbäume sind Persönlichkeiten
Ihre Zweige gleichen knorrigen Gnomen
Silbergrau und je nach Jahreszeiten
Laublos – gegenwärtig wie ein Omen

Für das künftige Jahr
Gespenstisch und wunderbar
Wie flüchtende Geister
Und bei Sonnenschein
Glückversprechend wie gute Meister

Sie beherrschen die Landschaft
Verströmen ihren Duft
Und seit ihrer Bekanntschaft
Jeden Morgen in der Oktoberluft

Bin ich süchtig nach Feigen
Feigen-Sucht
Wer sucht, der findet – so wie im Traum
Ich habe ihn gefunden
Den Feigenbaum.

Der Morgengesang

Ganz früh am Morgen
 Sitzt eine Frau gelassen
Vor Sonnenaufgang
Auf den Terrassen

Die Welt ist friedlich
Sie besinnlich
Behaglich liegt neben der Kaffeetasse
Auf den Terrassen
Eine ihrer Katzen

Frau schaut sie an
Und reimt ein bisschen:
Das Glück am Morgen ohne Sorgen
Liegt vor den Tatzen der Katzen
Frei nach der Pferdeliebhaber-Version:
Das Glück dieser Erde
Liegt auf dem Rücken der Pferde

Vom Meer setzt eine leichte Brise
Die Windharfe in Gang
Bei einer Harmonie wie dieser
Wird jedem Griesgram Angst und Bang

Und plötzlich, eher selbstverständlich
Nicht ängstlich und auch nicht befremdlich
Gesellt sich zu der Morgenidylle
Ein Vogelpärchen
So wie im Märchen

Die Katze döst
Die Harfe wimmert
Die Frau, sie schlürft Kaffee
Und allmählich da dämmert
Es langsam ihr: Oh Himmel,
Welche Geschichten
Diese Vögelein haben Nestbau-Absichten

Ziemlich verwegen
Auf einer Terrasse
Mit Windharfe und Katze
Und dann, oh nein
Die müssen total bescheuert sein
Haben sie etwa das Hirn eines Spatz
Und übersehen die Katz?

Sie kommen immer wieder
Begutachten die Harfe
Und noch perfider
Sie lassen sich darin nieder

Du meine Güte, ist das Mut,
Ist das Dummheit oder Hohn,
Tut es ihrem Mut so gut
Oder ist es nur Degeneration?

Sie sitzen lange da, die Vöglein
Die Frau hört zwitschernden Gesang
Vermutlich träumt sie auch nur wieder
Den lieben langen Frühmorgen lang

Es ist ein Morgentraum
Denn in der Realität

Sucht sich kein Vogel einen Raum
In Katzennäh

So sitzt sie da ganz still und bang
Der Wind lässt leis erklingen
Das sanfte Spiel des Windharfen-Klang
Die Vögel bleiben lang

Sie konnten es nicht fassen
Das Nest wuchs täglich ganz erheblich
Die Vogeleltern unverzüglich
Die brüteten gelassen

Kein Mensch glaubt je das Wunder
Auf einer Terrasse
Mit Windharfe, Katze und einer
Frau im Morgengrauen
Da gab's zur Frühlingszeit
Zwei Vöglein, die sich trauen
In Katzennäh ein Nest zu bauen

Warum das Experiment gelang
Frau glaubte es zu wissen
Der Wind, mit ihm die Harfe
Die schläferten die Katze ein
Hinzu mit vielen Listen
Kam die Frau im Morgengrauen
Und half den Vögeln nisten

So heiter ging es weiter
Die Frau ganz hingerissen
Ihr Herz gehörte zwar den Katzen
Die wollte nun vom Vogelpaar
Auch Art und Herkunft wissen

142

Die Zeit verging, die Kleinen schlüpften
Die Katzen waren drinnen
Da kam ins Inselparadies ein Gast
Der kannte Vogelstimmen

Auch ihn beglückte der Gesang
Gespannt sah Gast die Vögel an
Für wahr, so sprach er lapidar
Es handelt sich in diesem Fall
Ganz klar um eine Nachtigall.

Die gelbe Pracht

Im Pinienwald, in dem ich zu leben wage
Da gibt es eine Besonderheit
Für manchen ist sie eine Plage
Für mich eine Gelegenheit
Es staunend anzusehen, das Naturphänomen

Pünktlich, fast auf den Tag beginnt die Zeit
Da ist es plötzlich da
Ich wache auf und stelle fest: es ist so weit
Na wunderbar!

Die Katzenklappe rattert
Herein kommt Chica, meine ehemals Schwarze
Doch heute Morgen ist sie gelb
Sie blinzelt mich an, ich blinzele zurück und warte
Nun, meine *gatita* bist du bereit?
Sie hat eingesetzt, die Pinienstaub-Zeit

Auf den Stühlen, auf dem Tisch
Auf den Terrassen und den Dächern
Von dottergelbem Pinienstaub liegt eine Schicht
Auf Treppen, Blüten, Palmenfächern

Die Pinien selbst scheinen gelb geschmückt
Sie anzuschauen ist eine Lust
Der Nicht-Allergiker ist entzückt
Für den Rest der Welt ist es nur Frust

Der gelbe Staub ist nicht nur schnell
Unglaublich, wo er sich befindet
144

Ob Kleiderschrank, ob Katzenfell
Er kriecht hinein und kurz und bündig
Verfärbt er Tier und Mensch und Landschaft

Mit seinem sanften, gelben Schimmer
Ein jeder weiß, es ist wie immer:
Ganz über Nacht
Verschwindet
Die gelbe Pracht.

Die Grillen

Zirpen hemmungslos
In einer Nacht wie dieser
Die Auslieferung ist gnadenlos
Und du beschließt: Nie wieder
Verzichtest du auf diesen Lärm
In einer heißen Sommernacht
Er hüllt dich ein und ist doch fern
Vermutlich hättest du niemals gedacht
Dass Lärm auch glücklich macht.

Ein zweites Leben

Wenn dir eine höhere Macht
– *poder superior* heißt sie in dem Land
In dem ich lebe –
Ein zweites Leben schenkte
Dir aber listig sagt
Bedenke
Es wird kein menschliches Leben sein

Du bist ein Tier
Kannst aber wie der Mensch
Fühlen und leiden
Dich freuen und zeigen,
Dass du gerne am Leben bist

Nur drei Dinge kannst du nicht:
Sprechen, weinen und lachen
Was ist aus diesem Lebensangebot zu machen?
In dieser Welt, in der er kaum
existiert, der Tier-Lebens-Raum

Ohne nachzudenken sage ich zu meiner höheren
Macht
Ich möchte ein Tier sein, das etwas kann
Was der Mensch nicht schafft
Ich möchte fliegen

Am liebsten nur in der Nacht
Da schlafen die Menschen
Und mit den anderen Tieren
werde ich mich arrangieren.

Ganz klein möchte ich nicht sein
Und auch nicht ganz groß
Ich möchte gut hören können und bloß
Keine Delikatesse für Menschen sein

Oh nein!
Immer wissen wir genau
Was wir nicht wollen
Und manch einer sagt schlau
Das führt zu dem Entschluss – dem wahren
Das sogenannte Ausschlussverfahren

Du meine *poder superior*
Welcher Vogel käme infrage?
Wie stellst du ihn dir vor?
Er hat dir doch schon immer gefallen
Er ist der weiseste von allen

Und ihr habt in diesem Leben, in dieser Welt
Schon etwas gemeinsam, was nicht besonders gefällt
Und Mit-Schläfer auch nicht glücklich macht:
Das Schnarchen in der Nacht

Ich sehe ihn vor mir
Es gibt ihn hoch droben
Da, wo ich lebe
Bei meinen Nachbarn in der Scheune oben
Ich stelle ihn mir vor, den fliegenden Weisen
Hoch oben sitzend, auf einer Säule
Die Schleiereule

Königinnen der Lüfte

Die Schwalben sind zurückgekehrt
In Nachbars Stall
Sind sie eifrig am Werk
Frühling überall!

Die Schweine grunzen
Sie müssen sich nicht mit lästigen Fliegen plagen
Denn zu Schwalbenpaars Pflicht
Gehört auch das Fliegen-Jagen

Von meiner Neugier nehmen sie wenig Notiz
Im Tiefflug segeln sie an meiner Nasenspitze vorbei
Ziemlich dicht
Und wenn sie eine Katze sehen, mit lautem Geschrei

Seitdem auch Lebewesen wie ich den Süden lieben,
Ich die Strapazen des langen Weges auf mich nehme,
Ist meine Hochachtung vor den Schwalben noch gestiegen
Denn ich muss gestehen, es ist nicht die bequeme
Form der Lebensziele

Aber eine, die es wert ist
Und viele
Reiseerfahrungen einschließt

Ob sie mich als gleichberechtigt betrachten?
Wohl kaum, denn sie sind die Künstler der Lüfte
Wie sollen sie mich achten
Denn ich sitze nur in einer Blechkiste und dürfte

Mit ziemlicher Sicherheit
In circa zwanzig Stunden an meinem Ziel sein
Und sie –
Wie weit führt sie die Freiheit?

Die Frage stellt sich nicht
In ihrem Sommer mit Schweinestall-Düften
Denn sie sind die
Königinnen der Lüfte.

Lächeln

Manchmal, da gelingt es nicht
Manchmal ist es einfach da
Manchmal auch verbirgt es sich
Wie ein scheuer Star

Oft zaubert es so nebenbei
Beim zufälligen Gegenüber
Mühelos und absichtsfrei
Diesen kleinen Gruß herbei

Immer ist es eine Geste menschlicher Bereitschaft
Die zum Anderen wortlos spricht:
Hier bin ich und grüße dich

Nicht auszudenken, was passierte,
Wenn die Tiere lächeln könnten.
Eine Fehl-Prognose hier:
Wir wären alle Vegetarier.

Meine Mordgelüste

Blitze durchzucken die anbrechende Nacht
Alle Katzen kuscheln sich ein
Heftig klatscht Regen auf das Holzhüttendach
Schon ist es Herbst – ich bin allein

Im Bücherregal – fast unsichtbar
So als wüsste er, dass er holzfarben ist
Sitzt der Hütten-Gecko
Der gerne Spinnen frisst

Weil aber Motten sein Lieblingsabendessen ist
Und ich meinen Glücksbringer bestechen will
Greife ich manchmal zu einer grausamen List
Zu einem kleinen Mörderspiel

Ich entzünde ein Licht meiner Wahl
Öffne das Fenster einen Spalt
Und warte mit ihm auf das Abendmahl
In Mottengestalt

Auf der Scheibe sitzend
Angezogen vom Licht
Schaut Gecko sie an
Um dann

In Bruchteilen von Sekunden
Seine Starre zu verlassen
Vorzuschnellen
Um den Leckerbissen zu fassen

Warum meinen Katzen das gleichgültig ist
Wenn ich das nur wüsste
Ja richtig: Sie haben nicht
Meine Mordgelüste.

Seitdem ich die Menschen kenne, liebe ich die Tiere

Man sagt, das Sprichwort sei arabisch
Was ist mit jenen,
denen
die Tiere näher stehen
als die Menschen,
weil sie vom ersten Tag ihres Lebens
mit ihnen leben, im Stall daneben
Nicht nur im Stall,
sondern überall
waren sie Teil des Ganzen,
Wand an Wand
und Mensch bei Tier
Ohne einander, das war
nicht vorstellbar

Es gab eine Mär in unserer Familie.
Ich liebte sie,
für meine Oma war es Blasphemie:
Am Heilig Abend um Mitternacht,
wenn die Glocken klingen,
können sie reden,
die Tiere – mit Engelsstimmen

Ich glaubte daran,
so fest wie an den Weihnachtsmann.
Am Heilig Abend schlich ich in den Stall
Und überall
war es warm und duftend,
es gab wenig Licht

154

und gar keinen Luftzug,
nur das Schnauben von all den
vierbeinigen Wesen, die da standen,
dicht bei dicht.
„He, ihr Wiederkäuer, sprecht mit mir!
Ich bin nur ein Lebeweslein,
eines wie ihr
Ich fühle mich geborgen in eurer Nähe,
und wenn mich meine Oma jetzt sähe,
würde sie zu ihrem Gott beten:
Wie komme ich zu einer Enkelin
die daran glaubt, dass die Tiere reden

Mit den Jahren schwand der Glaube,
aber was blieb, war die
Tierliebe.

Wie lange noch

Gelbe Rapsfelder im Gewitterwind,
Eine Allee aus Weißdornhecken.
Wie saftig sie sind,
Die Talwiesen, und wie in allen Ecken

Es brummt und zirpt!
Wie die dicke Waldschnecke
Ihr Haus spazieren führt,
Und gleich um die Ecke

Bei den kleinen Talweihern
Die Wildenten schnattern.
Die ersten Hühner picken wieder im Freien,
Sie waren seit Monaten eingesperrt,
Und jetzt flattern

Sie – leicht zerrupft ihr Gefieder –
Durch das hohe Gras.
Sie erholen sich wieder.
So, wie man las,

Wurden sie erkannt und bekämpft,
Die Vogelgrippen-Viren.
Die Übertragung sei bisher nur
Zwischen den Tieren,
Und doch
Wie lange noch?

Widerstand

Boss-Tausch

Pervers die Religion?
Der jeweilige Gott auf seinem Thron
Der sein Geschöpf für Grausamkeit belohnt
Natürlich nur, wenn es Unterdrückte retten kann

Ihr Götter- und Menschenverführer
Warum seid ihr so einfallslos in eurem Handeln
Ihr könntet doch – seid doch so groß
Statt Wasser in Wein zu verwandeln
Ein originelleres Wunderlein produzieren
Zum Beispiel einen kleinen Machthaber-Tausch
initiieren

In eurem Großmut und so allmächtig
Wäre folgendes nicht prächtig:
Busch wird Boss im Iran oder in einem
Anderen Islam-Staat
Und der mächtig-kleine Ahmadinedschad
In den Vereinigten Staaten

Wo sie dann so lange auf ihren Geiselaustausch
warten
Bis sie den Hass, den sie schüren,
Jede Minute am eigenen Leibe spüren.

Im Nachhinein

Unsere besten Lehrmeister sind schwere Zeiten
Das erkennen wir im Nachhinein
Aber vor der Schlacht – bevor wir uns befreien
Da schreit es aus uns : NEIN

Nicht schon wieder ausgeliefert
Nicht schon wieder Hilflosigkeit
Nicht schon wieder wie im Fieber
Wut und keine Aussicht auf Freiheit

Ratsam wäre Gelassenheit
Die Besiegten sind die Sieger von Morgen
Beweist die Geschichte
Ärgerlich ist nur eine Kleinigkeit
Wir haben nicht so viel Zeit
In unserem kurzen Leben

Daher unsere Suche nach dem besten Lehrmeister
Denn es gibt ein
Nachhinein.

Keine Wahl

Mit Burgruine und zwei Kirchen
Verschlafen, verträumt
Ist der Ort unserer Wahl
Der rechte Platz für ein feines
Kleines Abendmahl

Erzählen möchten wir
Miteinander reden
Idyllisch ist es hier
Ländlich – weit ab von der großen Welt
Lange haben wir uns nicht gesehen
Wie es uns gefällt!

Kein leerer Tisch in Sicht
In der Museum-Stube
Ein Plätzchen scheint rar
Nur an einem von allen
sitzt schweigend ein ungleiches Paar.

Er ist alt, welt- und hemdoffen
Sehr geständig
Schweigen hält er nicht aus
Sie ist jung, schön,
zierlich, thailändisch

In ihrem eigenen Land
Gibt es sicher kein Haus
In dem nur ein Kunde sie fand

Die Barriere ist wie das Meer,
Das zwischen ihren Ländern liegt:
Unüberschaubar weit

Er redet
Sie schweigt.

Und an ihrem schönen Gesicht
Und dem hübschen Schmuck ist zu erkennen
Dass sie in diesem Land, aus ihrer Sicht
Wie soll man es nennen?
Nur einen Mann zu bedienen hat
Nicht nur das Schweigen
Ist der Preis, den sie zahlt.

Wie ein Selbstmordattentäter nicht denkt

Kämpferisch wäre ich gerne
Allein mir fehlt der Glaube
Der Glaube an Erfolg und Allmacht
Der Glaube an Fahnen mit Sternen –
An die große Weltmacht

Wie geht es zu auf dieser Welt
Der kriegerischen Drohgebärden
Wie ist es möglich, dass Menschen sich
In die Luft sprengen
Um, nach ihrem Glauben, Heilige und
Märtyrer zu werden?

Für seinen Glauben zu sterben
Wie hoch und hehr!
Man muss sich nicht schämen
Keine andere Tat hilft so sehr
Größenwahn zu verbrämen

Warum sollten Menschenleben zählen
Wenn man selbst so heroisch
Den Tod herbeisehnt und ehrt?
Nur einmal im Leben und im Tod
An Gottes statt wählen
Das ist doch ein Märtyrerspiel wert!

Wer würde schon einen Lebensmüden ehren?
Davon gibt's doch Millionen oder mehr!
Sich gegen Andersdenkende mutig mit
Sprengstoffgürteln wehren

Nicht wahr, ihr Götter, das zählt doch sehr?

Und ist mehr
Als ein kleiner, feiger Selbstmörder zu sein
Ohne all das durch Medien verbreitete
Zuschauer-Entsetzen und -Geweine

Und der eigene Name?
Er sollte schon in die Geschichte eingehen
In voller Pracht
Das alles hat er, der Mutige, doch nicht für sich
Sondern seinen Gott und seinen Glauben gemacht

Märtyrerehren und himmlische Belohnung wäre schon
Angebracht
Aber das sind Gedanken von Heiden
Von Glaubensverweigerern
Die nicht gerne aus dem Leben
Hier auf Erden scheiden

Die mit Entsetzen trauern um zufällig
Anwesende Mordopfer und Kinder
Für den heldenhaften Märtyrer zählt nur seine
Macht als Gottes-Staat-Mitbegründer

Mord bleibt Mord,
Ob durch Krieg oder Gotteskrieger
Und wenn es ihn gibt, diesen wunderbaren Gott
Und seinen Segen
Dann zwingt er alle Mörder in diesem
Und dem nächsten Leben
Reumütig und ohne Himmelreich auf die Knie nieder.

Betrachtungen

Abends malen wir manchmal

Die Ideen haben
Hannes, Lucie und Janina
Darf ich mitmachen?
Sie sagen Ja

Sie malen für den Augenblick
Wenn ich mich beteilige
Ist es für sie lustig
Und einige

Ergänzungen finden ihren Beifall
Im allgemeinen
Ist es nur ein Einfall,
Es interessiert eher keinen

Aber für mich
Ist die Abend-Malstunde
Wie ein Gedicht
In der kleinen Runde:

Mit Konzentration, Freude und Lachen,
Ohne Zeiteinteilung,
Und nur das Mitmachen
Das zählt.

Wir tupfen die letzten bunten Kleckse;
Denn plötzlich ist es spät.
Richtig, das sieht aus wie eine Hexe,
Unser Schluss-Einfall
Bis zum nächsten Mal.

Danke, lieber Tag

Schmetterlinge, Farbenspiele
Ähren, die im Winde tanzen
Dankbar in der Schatten-Kühle
Schau ich zu, bin Teil des Ganzen

Bienen summen
Wiesen-Pracht
Hummeln brummen
Ein Geschenk ist dieser Tag
Und Geschenke nimmt man an
Und sagt:
Danke, lieber Tag.

Das Füg auch keinem andern zu

Ach wären wir doch gleichmütiger
Und gütiger
Nicht so hektisch
So unverträglich

Bereit zu vergeben
Könnten Gelassenheit bewahren
Keinen Groll hegen
Unveränderbares bejahen

Mindestens ein Mal täglich
Über unseren Schatten springen
Und nicht so kläglich
Aufrechnen in Recht-haben-Dingen

Wir könnten sie überlisten, die Sicht:
Fehler, die machen die andern
Ich doch nicht
Und es wagen
Das zu tun, was wir unseren Kindern sagen:

Was du nicht willst, was man dir tut
Das füg auch keinem andern zu.

Der Weg ist das Ziel

Wer möchte nicht verstanden sein
Wer möchte nicht gefallen
Wer wäre gerne ein Niemandlein
Und hätte nicht auf alle

Fragen gerne eine Antwort?
Nach dem Sinn
Bei der Suche nach dem glücklichen Ort
Auf die Frage, wer ich bin

Wohin ich gehe,
Was ich begreife,
Wie ich verstehe,
Warum ich oft zweifle

Warum – immer wieder – für lange Zeit
Bin ich ausgeschlossen
Tue mir leid
Und blicke verdrossen

Auf all die, die es schaffen
Zufrieden zu sein
Aus ihrem Leben einen Erfolgsbericht zu machen
Glücklich zu sein – nicht allein.

Oder ist Teil des Sinns schon das Fragen
Das Mitleiden
Das Mit-Ertragen
Das miteinander Streiten?

Das Teil des großen Ganzen ist
Teil des Mosaiks, ein kleiner Stein,
Und du bist
Dieses Menschlein

Das verstehen will
Den Sinn zu sehen
Wo ist das Ziel?
Wohin will ich gehen?

Ist eine Antwort die,
Dass du Teil des großen Ganzen bist,
Nicht mehr und nicht weniger, aber viel!
Und du erkennst, dass du das bist

Was Voraussetzung für ein sinnvolles Leben ist:
Der Weg ist das Ziel.

Ein armes Menschenkind

Es gibt Phänomene
Die lieben wir nicht
Sie sind nicht zu erklären
Aus rationaler Sicht

Wir nennen sie Intuition
Oder Instinkt
Manchmal auch Illusion
Oder Magie

Wir wären
Ohne sie
Nicht liebesfähig
Denn die Liebe ist ein Phänomen

Und wen
Sie nicht irgendwann
Verzaubert und machtlos macht
Ist zweifellos ohne Intuition
            ohne Illusion
            ohne Instinkt

Mit anderen Worten
Ein armes Menschenkind.

Erst dann

Der erste Versuch ist glatt misslungen
Es zu gestehen, es fällt ihr schwer
Wer ist mit sich schon ungezwungen
Und zeigt sich gern erfolglos her

Der zweite ist schon überlegter
Ein jeder weiß, man lernt aus Fehlern
Die Müh ist groß, das Herz bewegter
Jedoch, müd wie sie ist, lernt sie nicht gern

Die Frau, sie windet sich und weint
Und würd' am liebsten nur noch klagen
Hat sie am End sich selbst gemeint
Bei all den Vor- und Rauswurf-Attacken

Sie leidet, schreit und lebt gefährlich
Sie flüchtet bis nach Mexiko
Am Ende scheint es recht erklärlich:
Sie wird entscheiden, hier, nicht anderswo

Beim dritten Versuch, da fragt sie sich:
Für die Veränderung eines Lebens
Kann es da zu spät sein für mich?
Die Antwort ist Ja, und zwar dann,
Wenn sie sich
Diese Frage nicht mehr stellen kann.
Erst dann.

Heut mag ich mich nicht sehen

Mein Spiegelbild, das springt mich an
Ich denke nur an Flucht
Es hat mir doch kein Leid getan
Und doch kein Zweifel, fliehen muss ich
Vielleicht schau ich mich morgen an
Ich will es mir gestehen:
Heut mag ich mich nicht sehen.

Ich weiß, dass ich nichts weiß

Wer liest, der schreibt
Wer einmal lügt, dem glaubt man nicht
Wer leidet, der schreit
Wer glaubt, der spricht
Oder auch nicht?

Sie sind unzählig,
Die Proverbia
Sind sie eine Hilfe
Oder nur für diejenigen da
Die nicht aufgeben
Nicht angeben
Nur zugeben
Geduld bewahren
Und wie es bei Sokrates heißt
Vor mehr als zweitausend Jahren:
„Ich weiß, dass ich nichts weiß."

Loslassen

Das Wort wird viel und gern verwendet
Am liebsten sachlich, mit viel Therapie
Der schicksalhaft Betroffene
Und ganz und gar nicht Offene
Für weise Lebensphilosophie
Der hängt an dem ihm einst Geschenkten
Im Zweifelsfalle hart Erkämpften
Denn niemand hatte ihm erklärt
Mein Freund, es war auf Zeit gewährt
Und wenn sie um ist
Bitteschön, dann lass klug los
Nur wenn du dumm bist
Erwartest du
Den gnadenlosen Todesstoß.
Und die Moral von der Geschicht
Loslassen, wenn 's am schönsten ist.
Zu klären war die Kleinigkeit
Der Teufel hat 's mit dem Detail
Wann ist der Zeitpunkt, liebes Schicksal?
Ach Menschlein, kleines, weißt doch schon
Wenn du schon kein Vertrauen hast
Hilft nur noch
Autosuggestion.

Mordgelüste

Es gibt da bei mir ein fatales Interesse an Morden
Fällt mir ein guter Krimi in die Hände
Kann ich an allen Orten
In allen vier Wänden
Das Buch aufschlagen
Gierig die Seiten verschlingen
Den drei L's – Lust, Leid, Leichen – nachjagen
Die Stunden verrinnen
Ich werde pflicht- ja verantwortungslos
Nur der Gedanke bringt Frieden
Wie gelingt es mir bloß
In kürzester Zeit herauszukriegen
Ob die Mördervermutungen auch richtig liegen
Zugeben muss ich, dass ich mich nicht geniere
Zu mordlüsternen Zeiten
Krimis zu bevorzugen, bei denen ich sublimiere
Und höchst beglückt registriere
Dass die Mörderinnen straffrei bleiben.

Nicht für eine lange Zeit

Das Schicksal meint es gut mit ihr
Sie lebt in zwei verschiedenen Welten
Und das nicht nur auf dem Papier
Hin und wieder – eher selten

Stellt sie ihr Doppelleben in Frage
Sie hat sich zwar für das Landleben entschieden
Aber da gibt es Tage
An denen sehnt sie sich
Nach städtischem Unfrieden

Den vielen Menschen und Lichtern
Den Nachtgesichtern
Der Anonymität
In der sie sich unsichtbar machen kann
Auch spät

Ohne den Zwang
Schon am Morgen
Freundlichst zu grüßen
Und selbst bei großen Sorgen

Hinhören zu müssen
Wenn Nachbars Hund 'nen Nachbarn beißt
Ein schwerwiegender Fall
Was soviel heißt

Dass der Hund das tut – so ist 's nun mal
Was der Nachbar selbst sich nicht traute
Bei seinem Gebiss auch lieber den Nachbarn haute
Aber auch davor hat er Schiss

176

Eine gewisse Zeit
Erfreut sie das Leben in der Landidylle
Dann wäre sie bereit
In Hülle und Fülle

Nicht Erlaubtes zu tun und zu wetten
Dass es ihr gelingt
Mindestens drei Katzen gleichzeitig im
Handgepäck im Flieger zu verstecken
Was sie dazu zwingt

Stundenlang unauffällig auf sie einzureden
Mit ihnen am Halsband in der Airport-Halle
Spazierenzugehen
Sich jeden Blick – Wie reizend! Wie schrullig! –
Gefallen zu lassen

Auf jede Pfütze aus Katzennot aufzupassen
Nur um wieder zu entfliehen
Sie nicht mehr zu schnuppern, die gute Landluft
Vorübergehend umzuziehen
Ihn wieder wahrzunehmen, den Großstadt-Duft

Hin und wieder fragt sie sich dann
Etwas besorgt im Jetzt und Hier
Wie lange ihr
Diese Eigenwilligkeit erhalten bleiben kann
Und das Schicksal ihr weiterhin erlaubt
In zwei ihrer kleinen Welten zu leben
Nur der, der daran glaubt
Fügt sich, mehr oder weniger, ergeben

Und ist bereit
So zu leben
Für den Augenblick und
Nicht für eine lange Zeit.

Über den Dächern

Über den Dächern segeln Nebelschwaden,
bizarr – mit Leichtigkeit
wie an einem unsichtbaren Faden aufgereiht

Die Windräder in der Ferne
gleichen grauen Riesen und Stelzen
jeweils zu zweit
scheinen sie startbereit
für den Tag gefeit

Kein Laut, der herüberweht
zu meinem Zuschauerplatz
im Morgengrauen
Gedankenverloren
und voll Vertrauen
in meinen neuen Tag
über den Dächern.

Übertreibung

Der Mensch, er neigt zur Übertreibung
Fast immer ist es auch ein Spiel
Die Wirklichkeit in der Beschreibung
Die kann 's nicht sein, ist nicht das Ziel

Bei allen täglichen Geschichten
Die wir so gerne auch berichten
Da gibt es eine Erstbeschreibung
Die den derzeitigen Stand behandelt
Die zweite ist schon abgewandelt
Die dritte gleicht – man ahnt es schon
Der viel spannenderen Übertreibungs-Version

Der Hörer lauscht verzückt und fragt sich
Ob es auch nicht gelogen sei
Was heißt da Lüge oder Wahrheit
Fest steht: Die Gedanken sind frei
Die Grenzen sind ja korrigierbar
Auf jeden Fall auch variierbar
Und ganz und gar nicht nachvollziehbar

Und schließlich ist 's kein Protokoll
Der Hörer lauscht, er will sich freuen
Warum berichten, wie es ist
Und nicht wie es sein soll

Erzählen ist die Dichterkunst
Erlebtes kunstvoll zu berichten
Wir lieben doch bei der Beschreibung
Die wahre Kunst der
Übertreibung.

Veränderte Wahrnehmung

Du sitzt im Zug, du weißt
In wenigen Minuten fährt er ab – deiner
Auf dem gegenüberliegenden Gleis
Wartet ebenfalls einer

Plötzlich verändert sich die Wahrnehmung
Einer setzt sich in Bewegung
Wie bei einer Begegnung:
Einer fährt davon
Bist du es? Ist es deiner?

Wir sind nur Gast auf Erden

Die Gastrolle ist eine Rolle für Gäste in einem Haus
Die sich trauen
Sie setzt einen Gastgeber voraus
Der Gast hat Vertrauen

Manchmal kennt er das Haus
Manchmal auch nicht
Ist es Selbst- oder Urvertrauen
Das für Gäste spricht?

Wir Menschen haben viele Rollen
Bei unserem Gastbesuch auf Erden
Ob wir uns weigern oder wollen
Wir werden

Sie spielen, je nach Talent oder auch Pflicht
Mal gleichmütig heiter
Mal verantwortlich oder unverantwortlich
Mal unbeteiligt und leider

Überschätzen wir manchmal unsere Rechte
Und nehmen uns die, die ein Gast nicht hat
Es gibt sie, die Selbstüberschätzungs-Gäste
Die an Gastgeber statt

Schalten und walten
Das Gastrecht missachten
Keinen Respekt behalten
Sich als Gastgeber betrachten

Vergessen, dass man sie eingeladen hat
Zu wohnen in diesem Land

Dieser Heimat
Wo man eine Zuflucht fand

Wo man sich aufhält
Solange die Abmachung gilt
Zwischen Gastgeber und Gast
Und beide gewillt

Sind, die gegenseitigen Rechte zu billigen
Die Ausgangsposition zu respektieren
Und einzuwilligen
Ein Leben zu führen

Das Grundeinstellung jeder Gastfreundschaft ist:
Der Gast ist einverstanden und bereit
Mit einer Gastrolle auf Zeit.

Zufall

Um mehr Gelassenheit
Kreist ihr tägliches Ringen
Und manchmal zeigt sich
„Erhabenes Gelingen"
Bis die Zuversicht

Wie ein Kartenhaus zusammenbricht
Scheinbar ohne Vorankündigung
Und ohne Knall
Verlässt sie die positive Sicht
Sie glaubt nicht daran, aber nennt es
Zufall.

Nachtgedanken

Wer liest, der schreibt
Wer schreibt, der sündigt nicht – wirklich
Wer wirklich nicht sündigt
Sollte auch nicht schreiben.

Merkwürdig

Wenn ich am Morgen
meine Nachtgedanken lese,
kommen sie mir fremd vor
Waren das meine?
Habe ich geträumt?
Hat es gestürmt?
Aber dann finde ich
vollgeschriebene Seiten
und einen umgefallenen Baum vor
Merkwürdig.

Tragödien

Es gibt im Leben zwei Tragödien,
Das meinte Oscar Wilde schon weise.
Sie sind nicht so bekannt durch Medien,
Denn Weise, die sind medienscheu,
Doch für keinen ist es neu:

Tragödie Nummer eins: Was am meisten man
begehrt
Das bekommt man nicht

Tragisch ist indes:
Tragödie Nummer zwei: Man bekommt es.

Solange wir noch leben

Das letzte Wort ist nicht gesprochen
Der Zustand nennt sich Waffenstillstand
Es stehen Tunnelwege offen
Auf beiden Seiten Vergebungs-Notstand

Krieg oder Frieden Hass oder Liebe
Vergeltung oder Vergeben
Manchmal haben wir die Wahl
Solange wir noch leben.

Alphabetisches Verzeichnis der Titel

Zur Autorin

Marianne Hartwig wurde im Hunsrück geboren, verbrachte dort ihre Kindheit und frühe Jugend bis zu dem Zeitpunkt, der ihr Leben schicksalhaft veränderte. Sie übte unterschiedliche Berufe in verschiedenen Städten aus: unter anderem Designerin, Antiquitätenhändlerin, Kunsthandwerkerin in London und Hamburg.

Als Kunsthandwerkerin entwarf sie bildhafte, textile Arbeiten und präsentierte sie zehn Jahre lang auf der Internationalen Frankfurter Messe. Parallel war sie Mitbegründerin einer Hamburger Literaturgruppe und nahm an Lesungen teil, auch innerhalb des Hamburger „Literatrubel" in den 1980er Jahren.

Sie schreibt seit mehr als 25 Jahren, vor allem Gedichte und Erzählungen.

Sie ist verheiratet, immer noch mit demselben Mann, hat einen erwachsenen Sohn und lebt mit ihren vielen Katzen auf Ibiza.

Liebt ihre Heimat, den Hunsrück.